Das
Zahlenbuch 4
Förderheft

Von Erich Ch. Wittmann, Gerhard N. Müller,
Marcus Nührenbörger und Ralph Schwarzkopf

Bearbeitung der Ausgabe 2022:
Marcus Nührenbörger, Ralph Schwarzkopf,
Melanie Bischoff, Daniela Götze, Birgit Heß

Ernst Klett Verlag
Stuttgart · Leipzig · Dortmund

Inhalt

Rechenwege bei der Addition

1 Welcher Rechenweg ist es? Verbinde. **436 + 142**

in Schritten vorwärts

H Z E extra

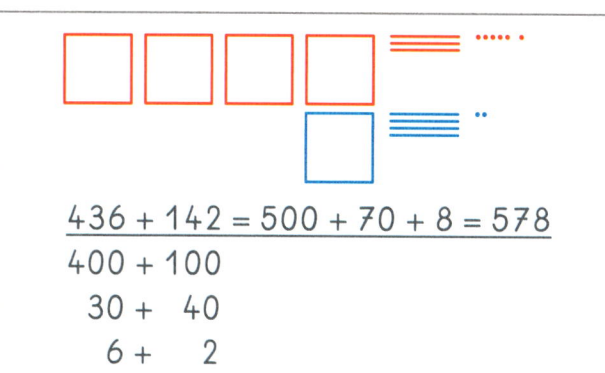

436 + 142 = 500 + 70 + 8 = 578
400 + 100
30 + 40
6 + 2

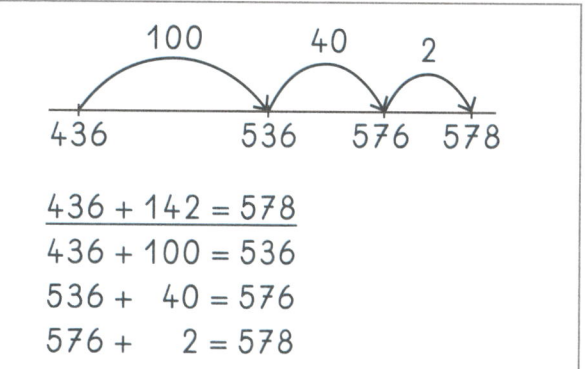

436 + 142 = 578
436 + 100 = 536
536 + 40 = 576
576 + 2 = 578

2 **In Schritten vorwärts** oder mit **H Z E extra**. Wie rechnest du?

219 + 136 =

219 + 436 =

560 + 438 =

566 + 438 =

3 **Hilfsaufgabe**. Rechne mit dem Rechenstrich.

a) 279 + 99

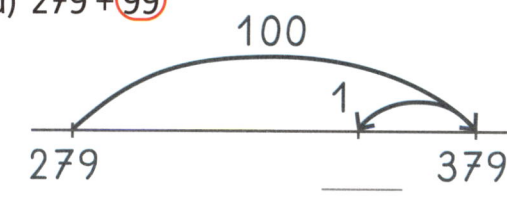

100
1
279   379

b) 279 + 199

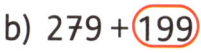
279

c) 614 + 197

614

d) 132 + 398

132

1 Rechenwege beschreiben und zuordnen. 2 Eigene Rechenwege wählen und ggf. in Partnerarbeit vergleichen.
3 Strategie ‚Hilfsaufgabe' anwenden und vertiefen.
→ Schulbuch, Seiten 6/7

3

Schriftliche Addition

1 Rechne schriftlich. Schreibe stellengerecht untereinander. Achte auf die Überträge.

a) 328 + 54

> 8 + 4 sind 12 Einer, also muss ich bündeln. Ich schreibe den Übertrag in die Zehnerspalte und notiere 2 Einer.

Lilly

b) 638 + 157

c) 414 + 256

d) 525 + 266

e) 240 + 187

f) 308 + 468

g) 37 + 354

h) 365 + 72

i) 436 + 181

j) 398 + 317

2 Welche Aufgabe rechnest du schriftlich (S) oder im Kopf (K)? Kreuze an und rechne.

a) 305 + 530

☐ S   ☐ K

b) 444 + 200

☐ S   ☐ K

c) 501 + 499

☐ S   ☐ K

d) 278 + 141

☐ S   ☐ K

4

1 Das Verfahren der schriftlichen Addition wiederholen und vertiefen: bewusstes Mitsprechen und korrekte, stellengerechte Notation fokussieren, eigenständig auf Überträge achten und korrekt notieren, ggf. farbig markieren.   **2** Aufgaben dahingehend unterscheiden, ob sie schriftlich oder halbschriftlich bzw. im Kopf gerechnet werden.
→ Schulbuch, Seiten 8/9

Rechenwege bei der Subtraktion

1 Welcher Rechenweg ist es? Verbinde. $\boxed{354 - 138}$

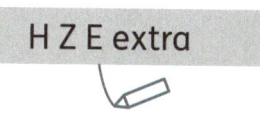

H Z E extra

in Schritten zurück

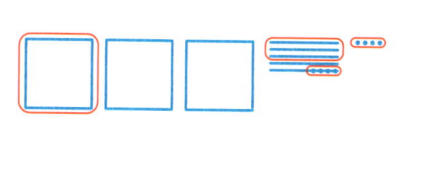

$$354 - 138 = 200 + 20 - 4 = 216$$
$$300 - 100$$
$$50 - 30$$
$$4 - 8$$

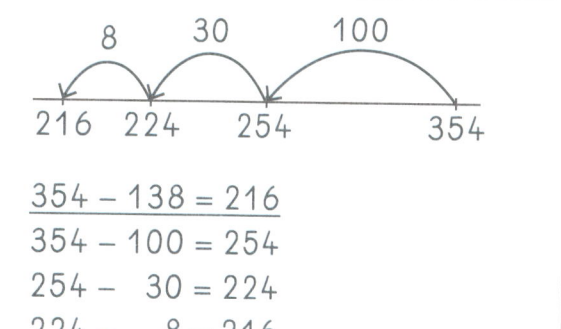

$$354 - 138 = 216$$
$$354 - 100 = 254$$
$$254 - 30 = 224$$
$$224 - 8 = 216$$

2 **In Schritten zurück** oder mit **H Z E extra**. Wie rechnest du?

352 − 231 =

352 − 213 =

637 − 119 =

637 − 191 =

3 **Hilfsaufgabe**. Rechne mit dem Rechenstrich.

a) 540 − ⓐ198

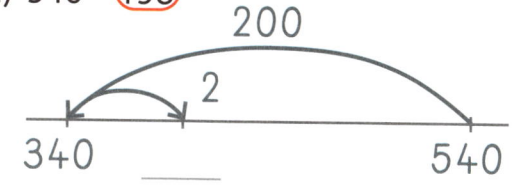

200

2

340   540

b) 890 − ⑨99

890

c) 755 − ⑤597

755

d) 302 − ⑲199

302

Rechenwege beschreiben und zuordnen. **2** Eigene Rechenwege wählen und ggf. in Partnerarbeit vergleichen.
Strategie ‚Hilfsaufgabe' wiederholen und vertiefen.
→ Schulbuch, Seiten 10/11

○ **1** Rechne schriftlich. Schreibe stellengerecht untereinander. Achte auf die Überträge.

a) 524 – 319

> Ich ergänze zum passenden Einer.
> 9E + 5E = 14E. Ich schreibe
> 1 als Übertrag zu den Zehnern
> und 5 zu den Einern.

Metin

b) 638 – 157

c) 414 – 256

d) 525 – 266

e) 240 – 187

f) 468 – 308

g) 354 – 37

h) 365 – 72

i) 436 – 181

j) 398 – 317

○ **2** Welche Aufgabe rechnest du schriftlich (S) oder im Kopf (K)? Kreuze an und rechne.

a) 680 – 350

☐ S ☐ K

b) 303 – 99

☐ S ☐ K

c) 953 – 134

☐ S ☐ K

d) 811 – 401

☐ S ☐ K

6

Das Zehnereinmaleins, auch umgekehrt

1 Rechne mit Zehnern wie mit Einern.

a) $3 \cdot 5 =$ _____   b) $2 \cdot 4 =$ _____   c) $5 \cdot 6 =$ _____   d) $3 \cdot 7 =$ _____

 $3 \cdot 50 =$ _____ $2 \cdot 40 =$ _____ $5 \cdot 60 =$ _____ $3 \cdot 70 =$ _____

e) $5 \cdot 3 =$ _____   f) $6 \cdot 2 =$ _____   g) $5 \cdot 5 =$ _____   h) $9 \cdot 2 =$ _____

 $5 \cdot 30 =$ _____ $6 \cdot 20 =$ _____ $5 \cdot 50 =$ _____ $9 \cdot 20 =$ _____

2 Rechne und vergleiche.

a) $3 \xrightarrow{\cdot 4} \underline{12} \xrightarrow{\cdot 10} \underline{120}$ $4 \xrightarrow{\cdot 3} \underline{\quad} \xrightarrow{\cdot 10} \underline{\quad}$

 $3 \xrightarrow{\cdot 40} \underline{\quad}$ $4 \xrightarrow{\cdot 30} \underline{\quad}$

b) $8 \xrightarrow{\cdot 2} \underline{\quad} \xrightarrow{\cdot 10} \underline{\quad}$ $2 \xrightarrow{\cdot 8} \underline{\quad} \xrightarrow{\cdot 10} \underline{\quad}$

 $8 \xrightarrow{\cdot 20} \underline{\quad}$ $2 \xrightarrow{\cdot 80} \underline{\quad}$

c) $6 \xrightarrow{\cdot 3} \underline{\quad} \xrightarrow{\cdot 10} \underline{\quad}$ $3 \xrightarrow{\cdot 6} \underline{\quad} \xrightarrow{\cdot 10} \underline{\quad}$

 $6 \xrightarrow{\cdot 30} \underline{\quad}$ $3 \xrightarrow{\cdot 60} \underline{\quad}$

3 Rechne. Denke an die Aufgabe des kleinen Einmaleins.

a) $5 \xrightarrow{\cdot 4} \underline{\quad} \xrightarrow{\cdot \quad} \underline{\quad}$ b) $7 \xrightarrow{\cdot \quad} \underline{\quad} \xrightarrow{\cdot \quad} \underline{\quad}$

 $5 \xrightarrow{\cdot 40} \underline{\quad}$ $7 \xrightarrow{\cdot 40} \underline{\quad}$

c) $4 \xrightarrow{\cdot \quad} \underline{\quad} \xrightarrow{\cdot \quad} \underline{\quad}$ d) $2 \xrightarrow{\cdot \quad} \underline{\quad} \xrightarrow{\cdot \quad} \underline{\quad}$

 $4 \xrightarrow{\cdot 80} \underline{\quad}$ $2 \xrightarrow{\cdot 90} \underline{\quad}$

4 Rechne und vergleiche.

a) $3 \cdot 20 =$ _____   b) $5 \cdot 50 =$ _____   c) $8 \cdot 30 =$ _____   d) $3 \cdot 30 =$ _____

 $3 \cdot 30 =$ _____ $6 \cdot 50 =$ _____ $6 \cdot 30 =$ _____ $4 \cdot 40 =$ _____

 $3 \cdot 40 =$ _____ $7 \cdot 50 =$ _____ $4 \cdot 30 =$ _____ $5 \cdot 50 =$ _____

1–4 Zehnerzahlen multiplizieren. Aufgaben in Beziehung zueinander und zum kleinen Einmaleins setzen.
→ Schulbuch, Seiten 14/15

Das Zehnereinmaleins, auch umgekehrt

1 Rechne mit Zehnern wie mit Einern.

a) $21 : 3 = \rule{1.5cm}{0.4pt}$

$210 : 3 = \rule{1.5cm}{0.4pt}$

b) $20 : 2 = \rule{1.5cm}{0.4pt}$

$200 : 2 = \rule{1.5cm}{0.4pt}$

c) $20 : 5 = \rule{1.5cm}{0.4pt}$

$200 : 5 = \rule{1.5cm}{0.4pt}$

d) $18 : 6 = \rule{1.5cm}{0.4pt}$

$180 : 6 = \rule{1.5cm}{0.4pt}$

e) $16 : 4 = \rule{1.5cm}{0.4pt}$

$160 : 4 = \rule{1.5cm}{0.4pt}$

f) $30 : 3 = \rule{1.5cm}{0.4pt}$

$300 : 3 = \rule{1.5cm}{0.4pt}$

g) $35 : 5 = \rule{1.5cm}{0.4pt}$

$350 : 5 = \rule{1.5cm}{0.4pt}$

h) $12 : 4 = \rule{1.5cm}{0.4pt}$

$120 : 4 = \rule{1.5cm}{0.4pt}$

2 Rechne und vergleiche.

a) $240 \xrightarrow{\;:10\;} 24 \xrightarrow{\;:6\;} 4$

$240 \xrightarrow{\;:60\;} \rule{1cm}{0.4pt}$

$240 \xrightarrow{\;:10\;} \rule{1cm}{0.4pt} \xrightarrow{\;:4\;} \rule{1cm}{0.4pt}$

$240 \xrightarrow{\;:40\;} \rule{1cm}{0.4pt}$

b) $180 \xrightarrow{\;:10\;} \rule{1cm}{0.4pt} \xrightarrow{\;:3\;} \rule{1cm}{0.4pt}$

$180 \xrightarrow{\;:30\;} \rule{1cm}{0.4pt}$

$180 \xrightarrow{\;:10\;} \rule{1cm}{0.4pt} \xrightarrow{\;:6\;} \rule{1cm}{0.4pt}$

$180 \xrightarrow{\;:60\;} \rule{1cm}{0.4pt}$

c) $120 \xrightarrow{\;:10\;} \rule{1cm}{0.4pt} \xrightarrow{\;:6\;} \rule{1cm}{0.4pt}$

$120 \xrightarrow{\;:60\;} \rule{1cm}{0.4pt}$

$120 \xrightarrow{\;:10\;} \rule{1cm}{0.4pt} \xrightarrow{\;:2\;} \rule{1cm}{0.4pt}$

$120 \xrightarrow{\;:20\;} \rule{1cm}{0.4pt}$

3 Dividiere erst durch 10 und rechne dann die kleine Geteiltaufgabe.

a) $250 \xrightarrow{\;:10\;} \rule{1cm}{0.4pt} \xrightarrow{\;:\;} \rule{1cm}{0.4pt}$

$250 \xrightarrow{\;:50\;} \rule{1cm}{0.4pt}$

b) $320 \xrightarrow{\;:10\;} \rule{1cm}{0.4pt} \xrightarrow{\;:\;} \rule{1cm}{0.4pt}$

$320 \xrightarrow{\;:40\;} \rule{1cm}{0.4pt}$

c) $150 \xrightarrow{\;:10\;} \rule{1cm}{0.4pt} \xrightarrow{\;:\;} \rule{1cm}{0.4pt}$

$150 \xrightarrow{\;:30\;} \rule{1cm}{0.4pt}$

d) $400 \xrightarrow{\;:10\;} \rule{1cm}{0.4pt} \xrightarrow{\;:\;} \rule{1cm}{0.4pt}$

$400 \xrightarrow{\;:80\;} \rule{1cm}{0.4pt}$

4 Rechne und vergleiche.

a) $240 : 8 = \rule{1.5cm}{0.4pt}$

$240 : 10 = \rule{1.5cm}{0.4pt}$

$240 : 80 = \rule{1.5cm}{0.4pt}$

b) $360 : 6 = \rule{1.5cm}{0.4pt}$

$360 : 10 = \rule{1.5cm}{0.4pt}$

$360 : 60 = \rule{1.5cm}{0.4pt}$

c) $150 : 3 = \rule{1.5cm}{0.4pt}$

$150 : 10 = \rule{1.5cm}{0.4pt}$

$150 : 30 = \rule{1.5cm}{0.4pt}$

d) $400 : 4 = \rule{1.5cm}{0.4pt}$

$400 : 10 = \rule{1.5cm}{0.4pt}$

$400 : 40 = \rule{1.5cm}{0.4pt}$

1–4 Zehnerzahlen dividieren. Aufgaben in Beziehung zueinander und zum kleinen Einmaleins setzen.
↗ Schulbuch, Seiten 14/15

Multiplizieren und Dividieren

1 Multiplizieren. Zerlege mit dem Malkreuz.

a)

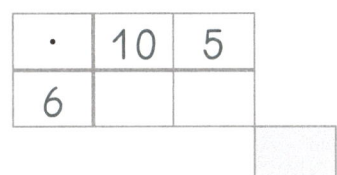

| 6 · 15 |

·	10	5
6		

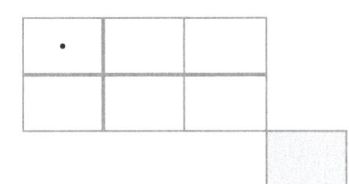

| 6 · 25 |

·		

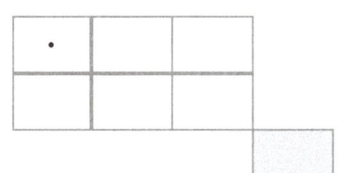

| 6 · 35 |

·		

b)

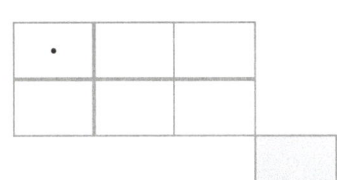

| 3 · 42 |

·		

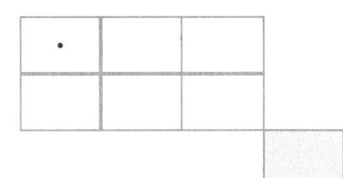

| 5 · 42 |

·		

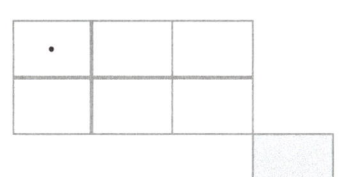

| 7 · 42 |

·		

2 Multiplizieren. Zerlege am Rechenstrich.

a) 4 · 13 = _____

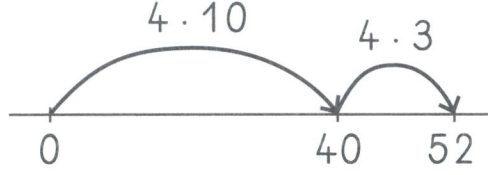

4 · 10   4 · 3

0   40   52

b) 5 · 32 = _____

0

c) 3 · 44 = _____

0

d) 8 · 21 = _____

0

3 Dividieren. Zerlege die Aufgaben.

a)
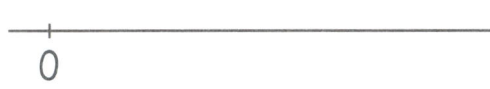

1	2	3	:	3	=		
1	2	0	:	3	=		
		3	:	3	=		

b)

1	6	8	:	4	=		
1	6	0	:	4	=		
		8	:	4	=		

c)

2	1	0	:	5	=		
2	0	0	:	5	=		
	1	0	:	5	=		

d)
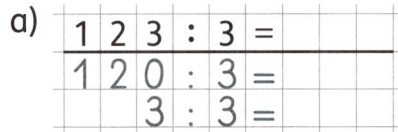

3	0	9	:	3	=		
3	0	0	:	3	=		
			:	3	=		

e)

3	2	5	:	5	=		
3	0	0	:	5	=		
			:	5	=		

f)

2	4	6	:	6	=		
2	4	0	:	6	=		
			:	6	=		

1–3 Rechenwege der Multiplikation und Division wiederholen und vertiefen.

→ Schulbuch, Seiten 16/17

9

1 Legt am Vierhunderterfeld, rechnet und vergleicht.

a) 5 · 12 und 15 · 12

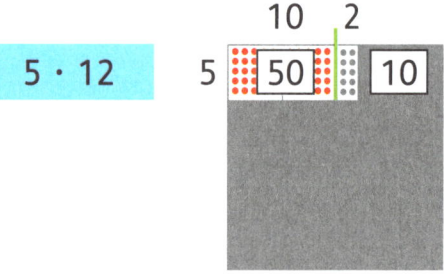

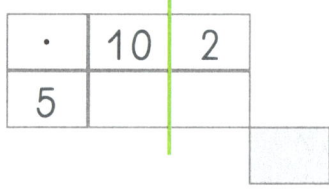

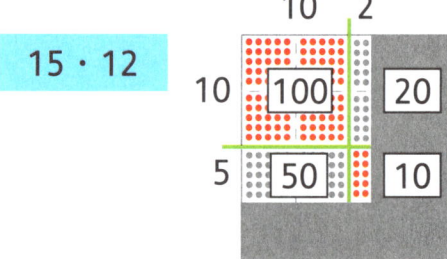

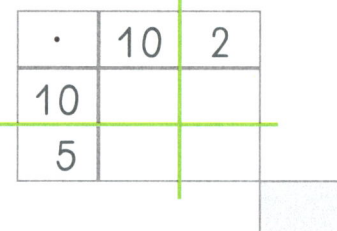

5 · 12 und 15 · 12. Ich zerlege beide Aufgaben mit dem Vierhunderterfeld und notiere im Malkreuz. Was ist gleich?

Mila

b) 2 · 14 und 12 · 14

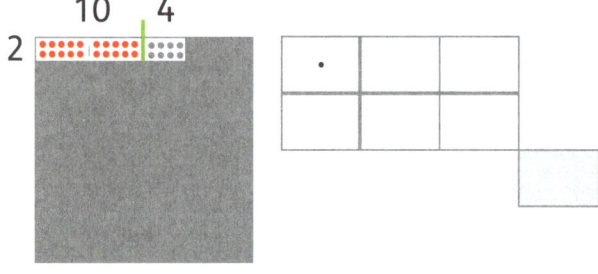

c) 6 · 15 und 16 · 15

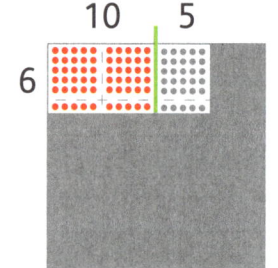

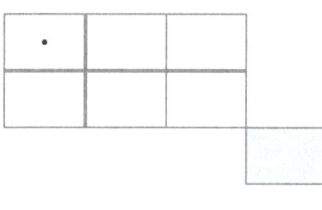

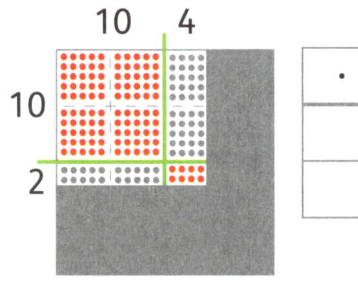

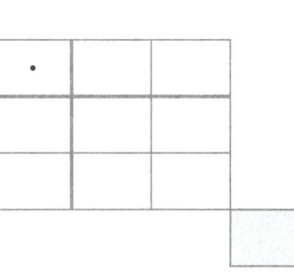

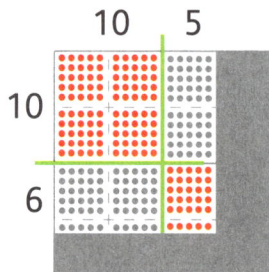

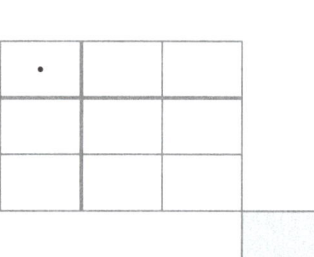

d) 5 · 14 und 15 · 14

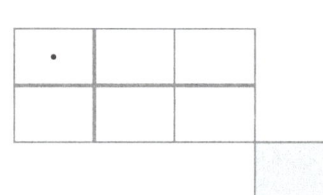

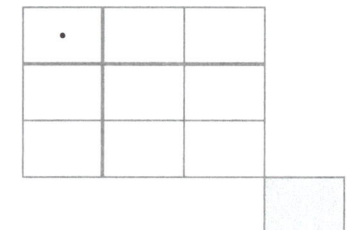

1 Differenzen der Produkte untersuchen, ggf. Auffälligkeiten mit Forschermitteln (z. B. Farben, Pfeile) markieren. Erklärungen am Vierhunderterfeld und Malkreuz.

→ Schulbuch, Seite 18

1 Wie rechnest du? Zeichne oder schreibe deinen Rechenweg.

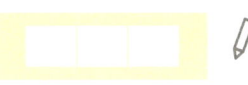

a) $375 + 409 =$

b) $597 + 216 =$

c) $763 - 502 =$

d) $981 - 398 =$

2 Rechne schriftlich.

a)
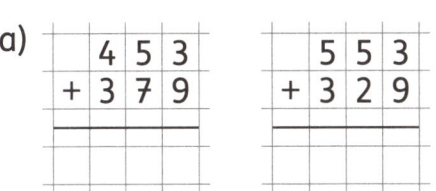

$$\begin{array}{r} 453 \\ +\ 379 \\ \hline \end{array} \qquad \begin{array}{r} 553 \\ +\ 329 \\ \hline \end{array}$$

b)
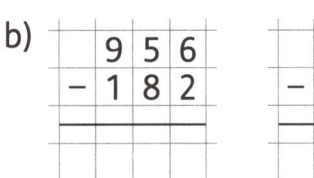

$$\begin{array}{r} 956 \\ -\ 182 \\ \hline \end{array} \qquad \begin{array}{r} 936 \\ -\ 187 \\ \hline \end{array}$$

3 Rechne mit der kleinen Malaufgabe.

a) $4 \cdot 8 = \underline{\hphantom{00}}$ b) $7 \cdot 6 = \underline{\hphantom{00}}$ c) $8 \cdot 7 = \underline{\hphantom{00}}$ d) $3 \cdot 9 = \underline{\hphantom{00}}$

$40 \cdot 8 = \underline{\hphantom{00}}$ $70 \cdot 6 = \underline{\hphantom{00}}$ $80 \cdot 7 = \underline{\hphantom{00}}$ $30 \cdot 9 = \underline{\hphantom{00}}$

4 Rechne mit der kleinen Geteiltaufgabe.

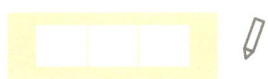

a) $32 : 8 = \underline{\hphantom{00}}$ b) $42 : 6 = \underline{\hphantom{00}}$ c) $56 : 7 = \underline{\hphantom{00}}$ d) $27 : 9 = \underline{\hphantom{00}}$

$320 : 8 = \underline{\hphantom{00}}$ $420 : 6 = \underline{\hphantom{00}}$ $560 : 7 = \underline{\hphantom{00}}$ $270 : 9 = \underline{\hphantom{00}}$

5 Wie rechnest du?

$5 \cdot 27$

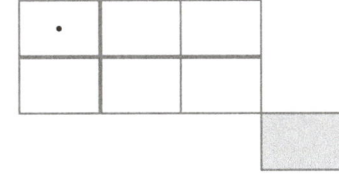

0

Wesentliche Aspekte des Kapitels noch einmal reflektieren, die eigenen Kompetenzen einschätzen.

→ Schulbuch, Seite 19

11

Längen

1 Miss die Längen. Schreibe wie Anna oder wie Eric.

a)

| Anna: a) ____11 cm____ | Eric: a) __1 dm 1 cm__ |

b)

c)

d)

2 Ordne von kurz nach lang.

a) | 4 m | 4 dm | 4 cm | _____ , _____ , _____

b) | 22 cm | 2 m | 2 dm | _____ , _____ , _____

c) | 11 cm | 1 m | 1 dm | _____ , _____ , _____

d) | 5 m | 51 cm | 5 dm | _____ , _____ , _____

3 Fülle die Lücken.

a) Die Tür ist 1 ____ breit.

b) Das Zahlenbuch ist etwa 20 ____ breit.

c) Ein Schreibtisch ist etwa 70 ____ hoch.

1 Strecken messen.   3 Längen der Größe nach ordnen.   3 Passende Längenmaße einsetzen.
→ Schulbuch, Seiten 20/21

Sachaufgaben

1 a) An welchen Haltestellen fährt die S-Bahn S7 um 7.23 Uhr ab?

_____

b) Wann fährt die S7 an der Haltestelle Ostbahnhof ab?

_____

S7		Alle 10 Minuten
S Westkreuz	**07:05**	**07:15**
S Charlottenburg Bhf	07:07	07:17
S Savignyplatz	07:09	07:19
S+U Zoologischer Garten Bhf	07:11	07:21
S Tiergarten	07:13	07:23
S Bellevue	07:15	07:25
S+U Berlin Hauptbahnhof	07:18	07:28
S+U Friedrichstr. Bhf	07:21	07:31
S Hackescher Markt	07:23	07:33
S+U Alexanderplatz Bhf	07:25	07:35
S+U Jannowitzbrücke	07:27	07:37
S Ostbahnhof	07:29	07:39
S+U Warschauer Str.	07:32	07:42
S Ostkreuz	07:33	07:43

c) Wie lange dauert die Fahrt zwischen den Haltestellen Westkreuz und Bellevue?

_____

d) Wie lange dauert die Fahrt zwischen den Haltestellen Charlottenburg Bhf und Ostbahnhof?

_____

2 a) Herr Sommer steigt um 7.35 Uhr am Alexanderplatz aus. Wann ist er am Savignyplatz eingestiegen?

_____

b) Anna fährt genau 20 Minuten mit der S7. Sie steigt an der Haltestelle Ostkreuz aus. An welcher Haltestelle ist sie eingestiegen?

_____

3 Diese Gruppen fahren zum Zoo. Wie viel Euro kosten Hin- und Rückfahrt?

Ticketangebote der Verkehrsbetriebe.

a)

_____

_____

b)

_____

_____

	Kinder
Einzelticket gültig für eine Fahrt	2 €
Viererticket gültig für vier Fahrten	6 €

1, 2 Sachaufgaben am Fahrplan lösen.   3 Preise berechnen, ggf. Angebote vergleichen.
→ Schulbuch, Seiten 22/23

13

Sachaufgaben

1 Vater möchte eine 7 m lange Hecke pflanzen. Der Gärtner empfiehlt 4 Pflanzen pro Meter.
Wie viele Pflanzen muss Vater einkaufen?

7 m

1 m

_____

_____

2 Wie hoch ist ein Hochhaus mit acht Stockwerken?

_____

_____

m

3 m

3 Eine neue Straße ist 12 m breit.
Sie hat drei Fahrbahnen.
Wie breit ist eine Fahrbahn?

_____

_____

4

Eintritt
1 Erwachsener

Eintritt
1 Erwachsener
4,50 €

Eintritt
1 Kind

Eintritt
1 Kind
3,50 €

Familie Weber fährt mit dem Riesenrad.
Erwachsene zahlen 4,50 € und Kinder 3,50 €.
Wie viel Euro müssen sie insgesamt bezahlen?

_____

_____

5 Diese große Pyramide hat auf allen vier Seiten 91 Stufen und oben eine Stufe auf der Spitze der Pyramide.
Wie viele Stufen sind es insgesamt?

_____

_____

Pyramide des Kukulcán in Chichén Itzá, Mexiko

1, 2 Sachaufgaben lesen und bearbeiten.
→ Schulbuch, Seiten 22/23

Flächeninhalte

1 Wie viele Meterquadrate sind die Flächen groß?

a) Sandkasten

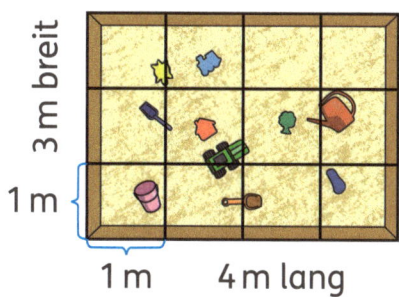

____ Meterquadrate

b) Blumenbeet

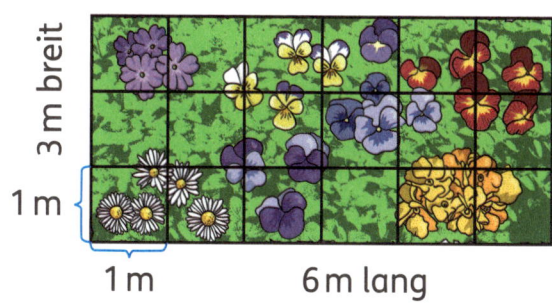

____ Meterquadrate

c) Garage

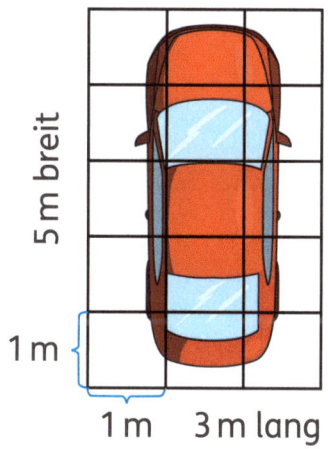

____ Meterquadrate

d) Spielteppich

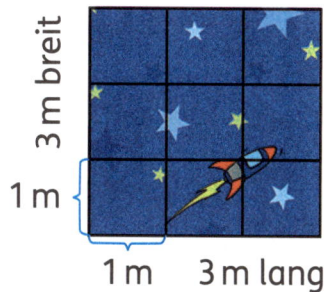

____ Meterquadrate

2 Zeichne die Zentimeterquadrate ein. Wie viele Zentimeterquadrate sind es?

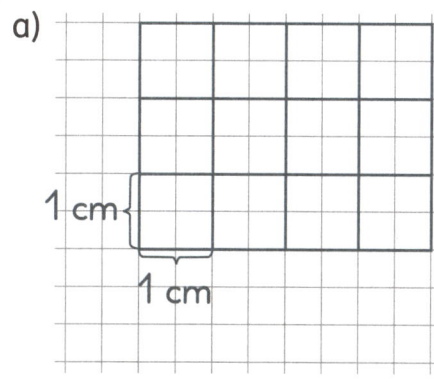

a)

____ Zentimeterquadrate

b)

____ Zentimeterquadrate

c)

____ Zentimeterquadrate

1 Anzahl der Meterquadrate bestimmen (additiv oder multiplikativ). 2 Zentimeterquadrate in die Flächen einzeichnen.
Anzahl der Zentimeterquadrate bestimmen.
→ Schulbuch, Seiten 24/25

15

Zählen, Bündeln und Schätzen

15 H muss ich bündeln.
10 H = 1 T,
also 15 H = 1 T 5 H.

○ 1 Wie heißen die Zahlen? Achte auf das Bündeln.

a) 15 Hunderter, 3 Zehner, 5 Einer

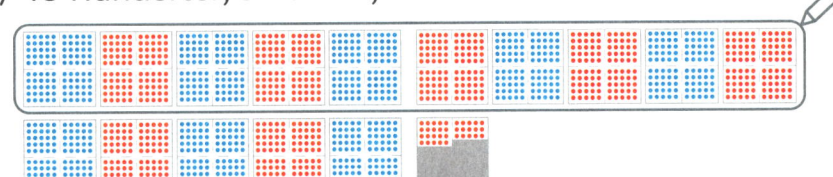

T	H	Z	E
	15	3	5
1	5	3	5

Metin

$$1\,000 + 500 + 30 + 5 = \underline{\hspace{2cm}}$$

b) 19 Hunderter, 3 Zehner

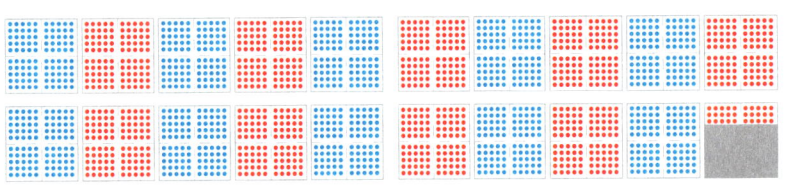

T	H	Z	E

$$= \underline{\hspace{2cm}}$$

c) 20 Hunderter, 2 Zehner, 5 Einer

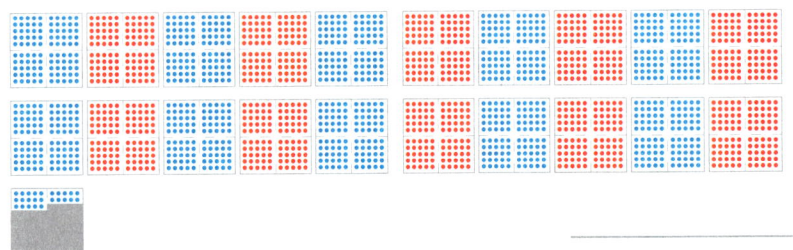

T	H	Z	E

$$= \underline{\hspace{2cm}}$$

d) 24 Hunderter, 6 Einer

T	H	Z	E

$$= \underline{\hspace{2cm}}$$

e) 27 Hunderter

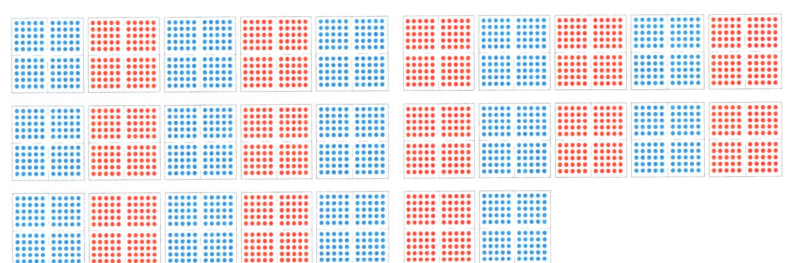

T	H	Z	E

$$= \underline{\hspace{2cm}}$$

1 Unterschiedliche Darstellungen einer Zahl in Tausender, Hunderter, Zehner und Einer erkennen, in der Stellentafel und als Additionsaufgaben notieren. Bündeln von 10 Hundertern in 1 Tausender.
→ Schulbuch, Seiten 26/27

Die Zahlen bis 1 000 000

1 Wie heißen die Zahlen?

a) 1 ZT + 4 T + 3 H

HT	ZT	T	H	Z	E
	1	4	3	0	0

10 000 + _____

b) 2 ZT + 3 T + 1 H

HT	ZT	T	H	Z	E

_____

c) 2 ZT + 4 H + 3 Z

HT	ZT	T	H	Z	E

_____

d) 6 T + 7 Z

HT	ZT	T	H	Z	E

_____

2 Wie heißen die Zahlen? Achtet auf das Bündeln.

a) 2 T + 14 H + 6 E

HT	ZT	T	H	Z	E
		2	14	0	6
		3	4	0	6

3 000 + 400 + _____

Ich muss **14** Hunderter bündeln.
10 H sind **1** Tausender, also **1** Tausender und **4** Hunderter.

Kim

b) 3 T + 19 H + 3 Z

HT	ZT	T	H	Z	E

_____

c) 8 ZT + 12 T + 2 E

HT	ZT	T	H	Z	E

_____

d) 3 HT + 10 T + 5 H

HT	ZT	T	H	Z	E

_____

e) 1 HT + 10 H + 3 Z

HT	ZT	T	H	Z	E

_____

1 Zahlen mit Bezug zu den Stellenwerten lesen und schreiben. **2** Bündelungen gezielt vornehmen.

→ Schulbuch, Seiten 28/29

17

Die Zahlen bis 1 000 000

1 Wie heißen die Zahlen?

a)
40 000	30 000
3 000	4 000
700	60
60	7

b)
60 000	70 000
7 000	6 000
30	400
4	30

c)
200 000	300 000
3 000	20 000
20	900
9	20

d)
700 000	600 000
60 000	7 000
4 000	200
20	4

2 Finde immer 4 verschiedene Zahlen.

a)
40 000	40 000	40 000	40 000
2 000	4 000		
700	700	700	700
6	6	6	6
_42 706_			

b)
40 000	40 000	40 000	40 000
3 000	3 000	3 000	3 000
6	6	6	6

3 Wie heißen die Zahlen?

100 000 + 50 000 + 6 000 = _____   200 000 + 3 000 + 100 = _____

100 000 + 40 000 + 6 000 = _____   200 000 + 3 000 + 400 = _____

1 Zahlen mit Bezug zu den Stellenwerten lesen und schreiben.   **2** Verschiedene Möglichkeiten finden.   **3** Zahlen mit Bezug zu den Stellenwerten additiv zusammenfügen und zerlegen.
→ Schulbuch, Seiten 28/29

Die Stellentafel

Till

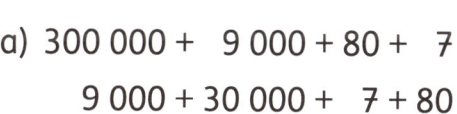

Die 1. Zahl hat an der Zehner- und Einerstelle eine Null.
Die 2. Zahl auch?

○ **1** Trage in die Stellentafel ein und schreibe die Zahlen. Achte auf die Nullen.

a) 4 HT + 1 ZT + 5 T + 7 H
   4 HT + 5 T + 7 H

M	HT	ZT	T	H	Z	E
	4	1	5	7	0	0

415 700

b) 1 HT + 2 T + 3 Z
   1 HT + 3 Z

M	HT	ZT	T	H	Z	E

c) 5 ZT + 6 H + 7 E
   6 ZT + 7 H + 5 E

M	HT	ZT	T	H	Z	E

d) 1 ZT + 1 T + 1 Z
   1 HT + 1 H + 1 E

M	HT	ZT	T	H	Z	E

e) 9 HT + 9 E
   9 H + 9 E

M	HT	ZT	T	H	Z	E

○ **2** Trage in die Stellentafel ein und schreibe die Zahlen. Vergleiche.

a) 300 000 + 9 000 + 80 + 7
   9 000 + 30 000 + 7 + 80

M	HT	ZT	T	H	Z	E

b) 40 000 + 500 000 + 20
   400 000 + 5 000 + 2

M	HT	ZT	T	H	Z	E

c) 300 000 + 9 000 + 80 + 7
   70 000 + 90 + 300 + 8

M	HT	ZT	T	H	Z	E

1 Zahlen in der Stellentafel notieren. Rolle der Null bei unbesetzten Stellen erkennen und korrekt positionieren. Aufgabenpaare vergleichen. **2** Stellenwerte ordnen, Zahlen in die Stellentafel notieren und vergleichen.
→ Schulbuch, Seiten 30/31

Die Stellentafel

1 Lege mit Plättchen in die Stellentafel. Welche Zahl ist es?

a)
HT	ZT	T	H	Z	E
•	••••• ••• / ••	•••			•

b)
HT	ZT	T	H	Z	E
	•••	••••		•••	••

c)
HT	ZT	T	H	Z	E
	••		•••		•••••

d)
HT	ZT	T	H	Z	E
••••		••••			••••

2 Immer 1 Plättchen dazu. Zeichne. Welche Zahlen können es sein?

a)

HT	ZT	T	H	Z	E
•••	•		•	•••	

$310\,130 + 1 =$ _____

HT	ZT	T	H	Z	E
•••	•		•	•••	

$310\,130 +$ _____

HT	ZT	T	H	Z	E
•••	•		•	•••	

$310\,130 +$ _____

HT	ZT	T	H	Z	E
•••	•		•	•••	

$310\,130 +$ _____

b)
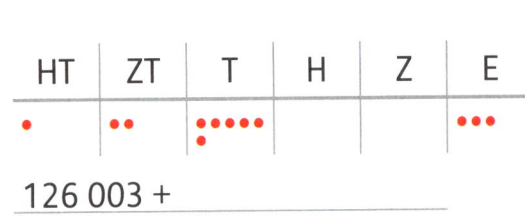

HT	ZT	T	H	Z	E
•	••	••••• / •			•••

$126\,003 +$ _____

HT	ZT	T	H	Z	E
•	••	••••• / •			•••

$126\,003 +$ _____

HT	ZT	T	H	Z	E
•	••	••••• / •			•••

$126\,003 +$ _____

HT	ZT	T	H	Z	E
•	••	••••• / •			•••

$126\,003 +$ _____

3 Immer 1 Plättchen weg. Streiche durch. Welche Zahlen können es sein?

HT	ZT	T	H	Z	E
••	•	••••		~~•~~	••

$214\,012 - 10 =$ _____

HT	ZT	T	H	Z	E
••	•	••••		•	••

$214\,012 -$ _____

1 Zahlen aus der Stellentafel ablesen. **2, 3** Ausgangszahl durch Hinzufügen oder Wegnehmen verändern (ggf. mit Plättchen in Stellentafel legen lassen). Passende Zahlen notieren, ggf. anschließend der Größe nach sortieren.
→ Schulbuch, Seiten 30/31

Multiplizieren und Dividieren mit Stufenzahlen

1 Mit 10 multiplizieren. Was fällt dir auf? Markiere.

a)

HT	ZT	T	H	Z	E
	2	7	0	0	0
2	7	0	0	0	0

· 10

b)

HT	ZT	T	H	Z	E
	3	6	0	0	0

· 10

c)

HT	ZT	T	H	Z	E
	2	4	0	0	0

· 10

d)

HT	ZT	T	H	Z	E
	5	1	2	0	0

· 10

2 Mit 10 dividieren. Was fällt dir auf? Markiere.

a)

HT	ZT	T	H	Z	E
4	5	0	0	0	0
	4	5	0	0	0

: 10

b)

HT	ZT	T	H	Z	E
1	0	7	6	0	0

: 10

c)

HT	ZT	T	H	Z	E
			9	8	7	0

: 10

d)

HT	ZT	T	H	Z	E
	2	4	0	4	0

: 10

3 Mal 10 und durch 10. Rechne und vergleiche.

a) $40\,000 \cdot 10 = \underline{\hspace{3cm}}$

$410\,000 : 10 = \underline{\hspace{3cm}}$

b) $13\,000 \cdot 10 = \underline{\hspace{3cm}}$

$135\,000 : 10 = \underline{\hspace{3cm}}$

c) $61\,000 \cdot 10 = \underline{\hspace{3cm}}$

$610\,040 : 10 = \underline{\hspace{3cm}}$

d) $7\,500 \cdot 10 = \underline{\hspace{3cm}}$

$75\,900 : 10 = \underline{\hspace{3cm}}$

4 Mal 10 und mal 100. Rechne und vergleiche.

a) $50 \cdot 10 = \underline{\hspace{3cm}}$

$50 \cdot 100 = \underline{\hspace{3cm}}$

b) $490 \cdot 10 = \underline{\hspace{3cm}}$

$490 \cdot 100 = \underline{\hspace{3cm}}$

c) $360 \cdot 10 = \underline{\hspace{3cm}}$

$3\,600 \cdot 100 = \underline{\hspace{3cm}}$

d) $725 \cdot 10 = \underline{\hspace{3cm}}$

$7\,250 \cdot 100 = \underline{\hspace{3cm}}$

1–4 Multiplikation und Division mit 10 und mit 100 an der Stellentafel erklären: Die Veränderungen der Null mit dem Verschieben in der Stellentafel erläutern und mit Farben markieren.

→ Schulbuch, Seiten 32/33

Der Zahlenstrahl bis 1 000 000

1 Welche Zahlen? Trage ein.

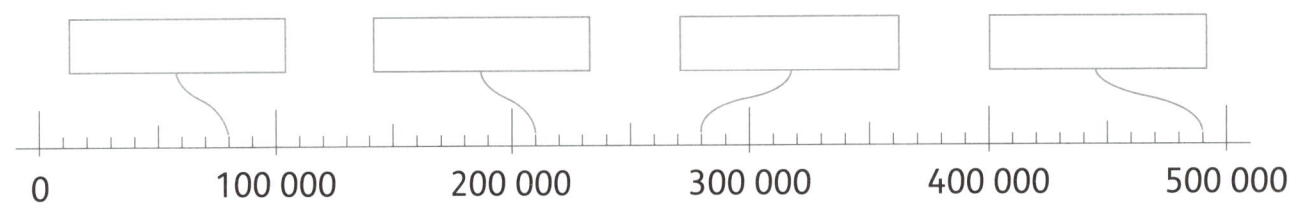

2 Welche Zahlen? Verbinde.

| 540 000 | 740 000 | 760 000 | 810 000 | 990 000 |

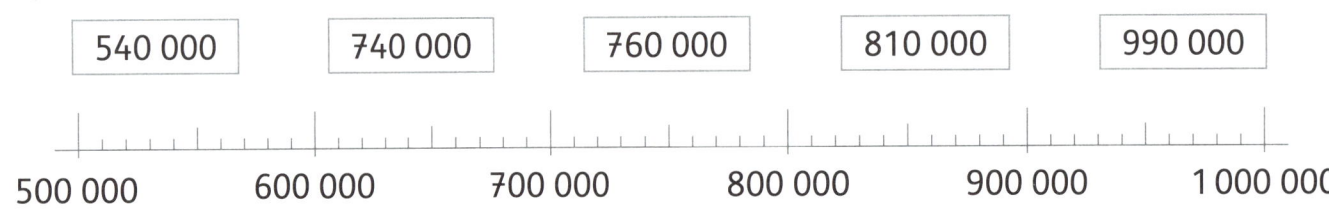

3 Zähle in ...

a) ... 10 000er-Schritten.

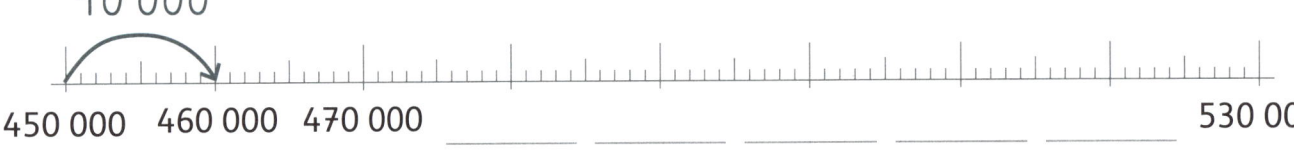

450 000   460 000   470 000   _____ _____ _____ _____ _____   530 000

b) ... 1 000er-Schritten.

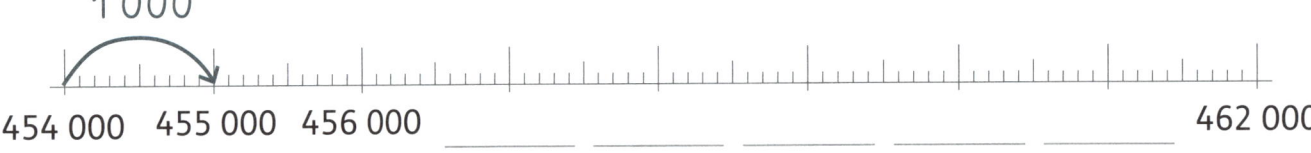

454 000   455 000   456 000   _____ _____ _____ _____ _____   462 000

4 Nachbarzahlen: Nachfolger.

a) 99 995, _____   b) 300 000, _____   c) 470 200, _____

    99 988, _____   300 010, _____   47 002, _____

    99 899, _____   300 100, _____   4 699, _____

5 Nachbarzahlen: Vorgänger.

a) _____, 66 105   b) _____, 360 001   c) _____, 182 001

    _____, 77 104   _____, 720 001   _____, 181 200

    _____, 88 103   _____, 990 001   _____, 181 000

1–5 Aufgaben mithilfe des Zahlenstrahls lösen.
→ Schulbuch, Seiten 34/35

Der Rechenstrich

1 Trage die Zahlen ungefähr am Rechenstrich ein.

a)

| ~~350 000~~ | 325 000 | 390 500 | 375 000 |

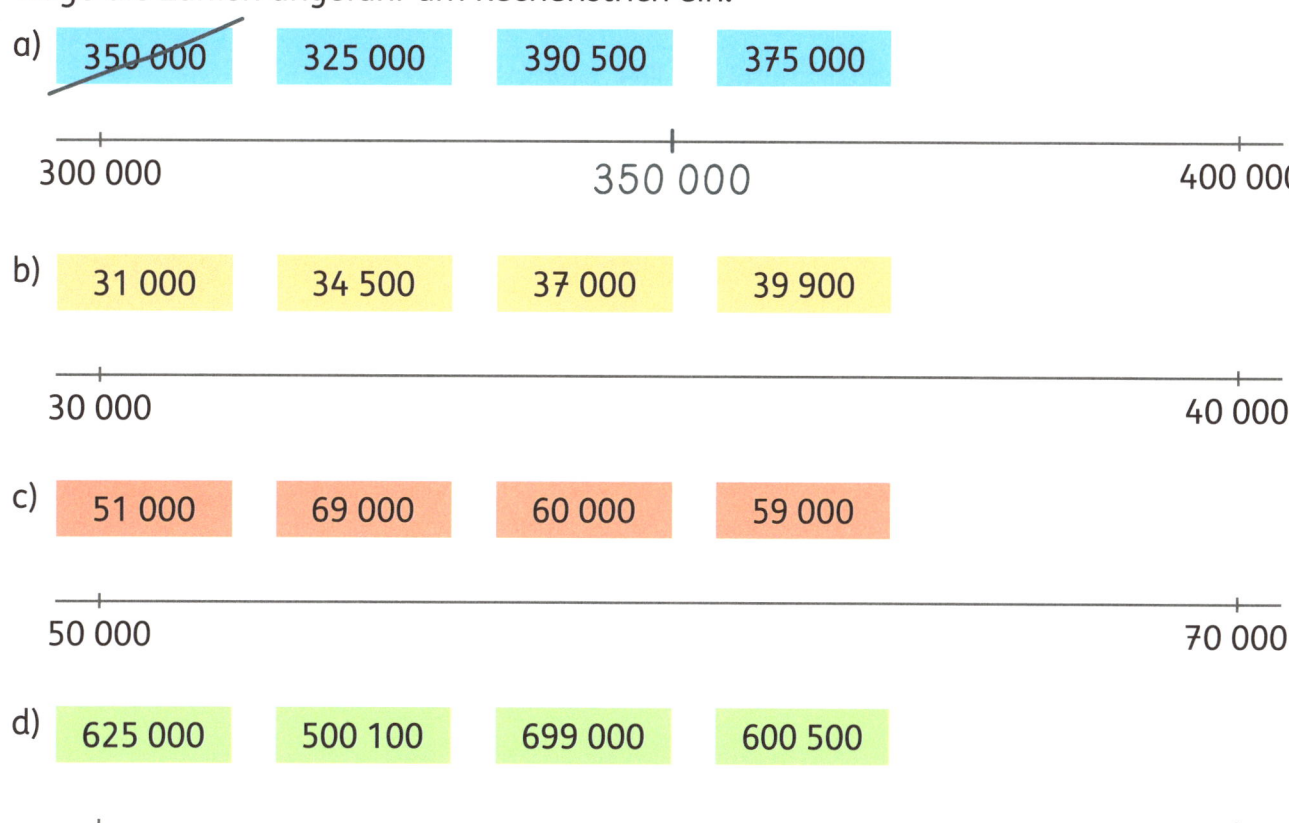

300 000   350 000   400 000

b)

| 31 000 | 34 500 | 37 000 | 39 900 |

30 000   40 000

c)

| 51 000 | 69 000 | 60 000 | 59 000 |

50 000   70 000

d)

| 625 000 | 500 100 | 699 000 | 600 500 |

500 000   700 000

2 Ergänze bis 1 000 000.

820 000 + _____ = 1 000 000

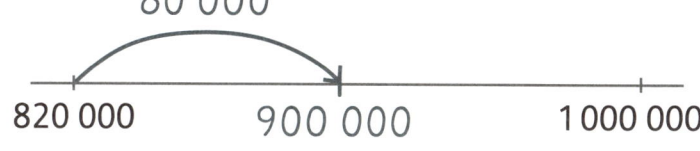

80 000

820 000   900 000   1 000 000

780 000 + _____ = 1 000 000

780 000   1 000 000

590 000 + _____ = 1 000 000

590 000   1 000 000

150 000 + _____ = 1 000 000

150 000   1 000 000

90 000 + _____ = 1 000 000

90 000   1 000 000

1 Zahlen ungefähr am Rechenstrich verorten. 2 Ergänzen am Rechenstrich bis 1 000 000.

→ Schulbuch, Seiten 36/37

23

Forschen und Finden: Das Millionenbuch

1 Vergleiche das Tausenderbuch und das Millionenbuch.

Teile den Tausender und teile die Million in ...

a) ... 2 gleich große Teile.   b) ... 10 gleich große Teile.   c) ... 5 gleich große Teile.

$1000 : 2 =$ _____ $1000 : 10 =$ _____ $1000 : 5 =$ _____

$1\,000\,000 : 2 =$ _____ $1\,000\,000 : 10 =$ _____ $1\,000\,000 : 5 =$ _____

2 Addiere und subtrahiere die Stufenzahlen.

621 901   + 1
621 902   + 10
621 912   + 100
_____   + 1000
_____   + 10 000
_____   + 100 000

409 409   + 1
_____   + 10
_____   + 100
_____   + 1000
_____   + 10 000
_____   + 100 000

621 901   − 1
_____   − 10
_____   − 100
_____   − 1000
_____   − 10 000
_____   − 100 000

3

247 000 − 100 000 = _____

247 000 − 10 000 = _____

247 000 −   1 000 = _____

247 000 −   100 = _____

247 000 −   10 = _____

247 000 −   1 = _____

1 Zerlegungen des Tausenders und der Million vergleichen. **2, 3** Ordinale Vorstellungen vom Aufbau des Millionenraumes vertiefen. Stufenzahlen systematisch addieren oder subtrahieren.

→ Schulbuch, Seite 38

Rückblick

1 Berechne.

a) $1\,000 + 30 + 7 =$ _____

b) $30\,000 + 700 + 30 =$ _____

2 a) $13\,H + 4\,Z + 5\,E$

HT	ZT	T	H	Z	E

_____

b) $3\,HT + 26\,H + 8\,Z$

HT	ZT	T	H	Z	E

_____

3

a) $500 \cdot 10 =$ _____

$50 \cdot 10 =$ _____

b) $360 \cdot 10 =$ _____

$36 \cdot 10 =$ _____

c) $400 : 10 =$ _____

$4\,000 : 10 =$ _____

d) $150 : 10 =$ _____

$1\,500 : 10 =$ _____

4 Trage die Zahlen ungefähr am Rechenstrich ein.

| 990 000 | 540 000 | 780 000 | 125 000 |

|——|
0   500 000   1 000 000

5 Ergänze bis 1 000 000.

$890\,000 +$ _____ $= 1\,000\,000$ $989\,000 +$ _____ $= 1\,000\,000$

6 Längen. Ordne von kurz nach lang.

| 304 cm | 34 cm | 3 dm | 3 m |

_____, _____, _____, _____

7 Wie viele Zentimeterquadrate hat die Fläche?

_____ Zentimeterquadrate

Wesentliche Inhalte des Kapitels noch einmal reflektieren, die eigenen Kompetenzen einschätzen.

→ Schulbuch, Seite 39

25

Runden

1 Runde alle Mitgliederzahlen in der Tabelle auf Hunderttausender.
Mitglieder des Deutschen Fußball-Bundes (Stand 2023):

		M	HT	ZT	T	H	Z	E	gerundet
männlich	bis 14 Jahre	1	3	9	1	4	6	8	1 400 000
	15–18 Jahre		4	7	5	0	7	5	
	über 18 Jahre	4	3	2	6	4	4	7	
weiblich	bis 14 Jahre		2	6	7	8	4	6	
	über 14 Jahre		9	0	3	9	3	9	

2 Runde die Anzahl der Plätze im Fußballstadion auf Tausender.

Stadion	Plätze	gerundet
Dortmund	81 365	81 000
Berlin	74 475	
Stuttgart	60 449	
Hamburg	57 274	
München	75 024	
Köln	50 000	

Stadion	Plätze	gerundet
Frankfurt a. M.	51 500	
Gelsenkirchen	62 271	
Düsseldorf	54 600	
Mönchengladbach	54 067	
Nürnberg	50 000	
Kaiserslautern	49 850	

3 Mitgliederentwicklung im deutschen Behindertensportverband e. V.
Runde alle Mitgliederzahlen in der Tabelle auf Tausender.

Jahr	1971	1981	1991	2001	2011	2021
Mitglieder	67 165	105 703	207 013	334 171	618 621	490 892
gerundet	67 000					

4 Welche Zahlen passen zur gerundeten Zahl? Kreise ein.

a) Auf Zehntausender gerundete Zahl:
520 000

(523 541)   506 120   516 843

525 920   524 000   515 763

b) Auf Hunderttausender gerundete Zahl:
300 000

248 200   328 014   286 347

309 524   372 023   257 856

1–4 Auf Hundertertausender, Zehntausender und Tausender runden. Zahlen den Tabellen entnehmen.
→ Schulbuch, Seiten 40/41

Sachrechnen: Einwohnerzahlen

1 Runde alle Einwohnerzahlen (Stand 2022) in der Tabelle auf Millionen.

	Einwohner bis 13 Jahre		Einwohner 14–65 Jahre		Einwohner über 65 Jahre	
	männlich	weiblich	männlich	weiblich	männlich	weiblich
	5 693 590	5 392 773	27 553 652	26 963 870	8 228 692	10 443 149
rund	6 000 000					

2 Stelle die gerundeten Einwohnerzahlen in einem Balkendiagramm dar.

1 Rechenkästchen bedeutet 1 Million Einwohner.

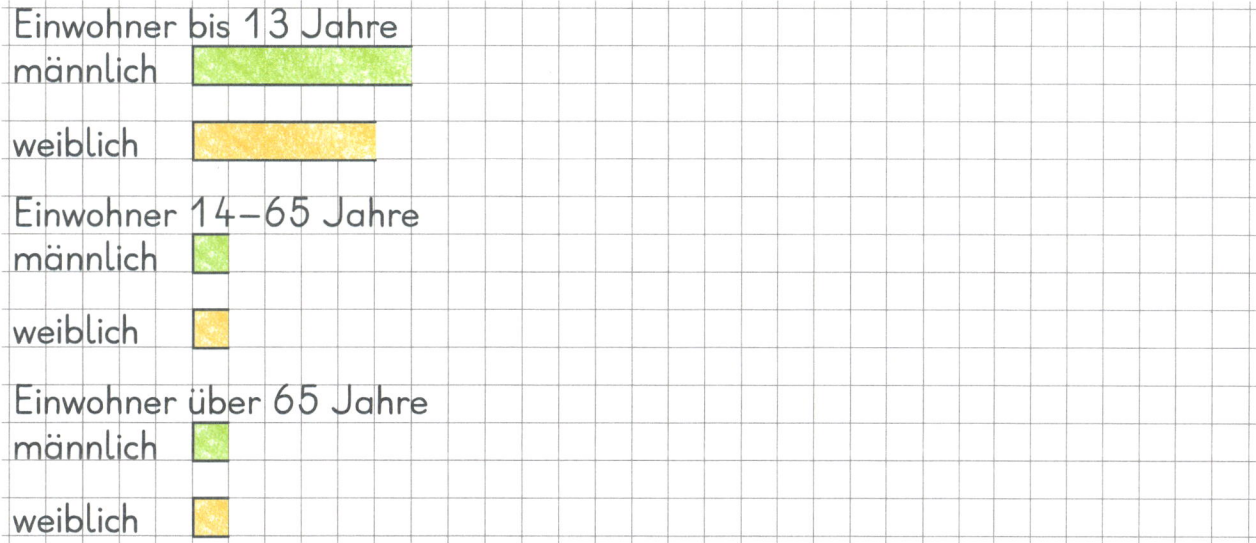

Einwohner bis 13 Jahre
männlich
weiblich

Einwohner 14–65 Jahre
männlich
weiblich

Einwohner über 65 Jahre
männlich
weiblich

3 Runde alle Einwohnerzahlen der Landeshauptstädte (Stand 2022) auf Hunderttausender.

Stadt	Einwohnerzahl	gerundet
Berlin	3 755 251	
Dresden	563 311	
Erfurt	214 969	
Hannover	545 045	
Magdeburg	239 364	
München	1 512 491	
Saarbrücken	181 959	
Stuttgart	632 865	

Stadt	Einwohnerzahl	gerundet
Bremen	569 396	
Düsseldorf	629 047	
Hamburg	1 892 122	
Kiel	247 717	
Mainz	220 552	
Potsdam	185 750	
Schwerin	98 596	
Wiesbaden	283 083	

1 Lies ab, wie viele Milliliter (ml) es sind.

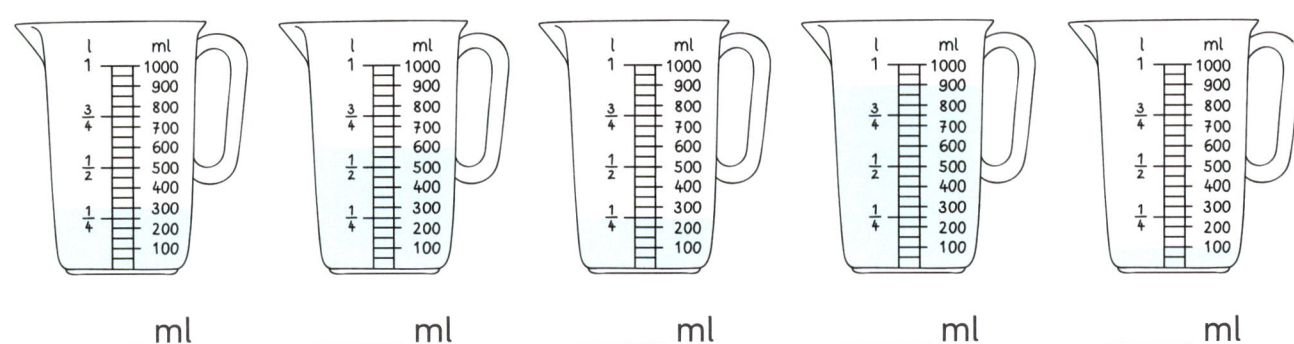

_____ ml   _____ ml   _____ ml   _____ ml   _____ ml

2 Zeichne in den Messbecher ein.

$\frac{1}{2}$ l = _____ ml   200 ml   800 ml   450 ml $\frac{3}{4}$ l = _____ ml

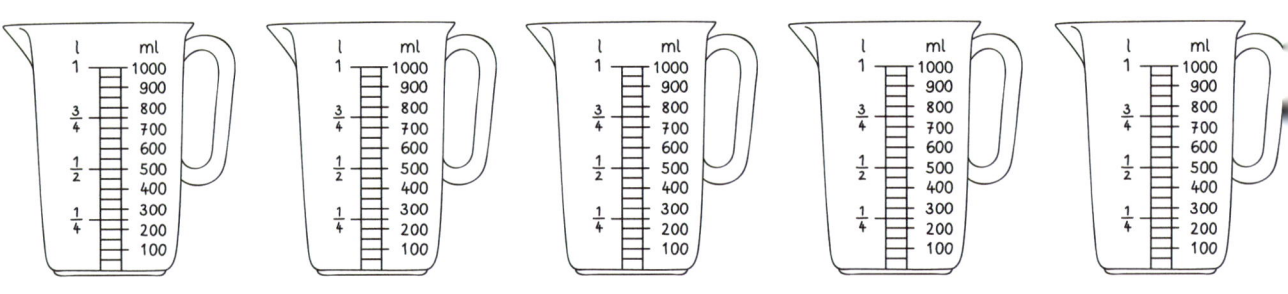

✳ 3

 1 Glas 100 ml    1 Tasse 125 ml   1 Becher 200 ml    1 Krug 250 ml

Wie kannst du mit diesen Gefäßen Flüssigkeiten zusammengießen?

Finde mehrere Möglichkeiten.

a) Immer $\frac{1}{2}$ l.

200 ml + 200 ml + 100 ml

_____

_____

b) Immer 1 l.

8 · 125 ml

_____

_____

4 Verbinde.

| 500 ml | 1 l | 200 ml | 10 l | 1 ml |

 1, 2 Rauminhalte auf Skalen an Messbechern beziehen, dabei auch Brüche und Dezimalzahlen einbinden. 3 Rechnen mit Rauminhalten. 4 Raummaße lesen und Gegenstände aus dem Alltag zuordnen. Stützpunktvorstellungen ausbauen.
→ Schulbuch, Seiten 44/45

Rechte Winkel und parallele Linien

○ **1** Markiere parallele Linien in einer Farbe.

a)
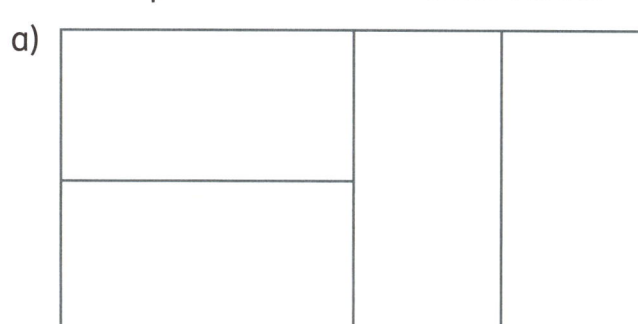

b)
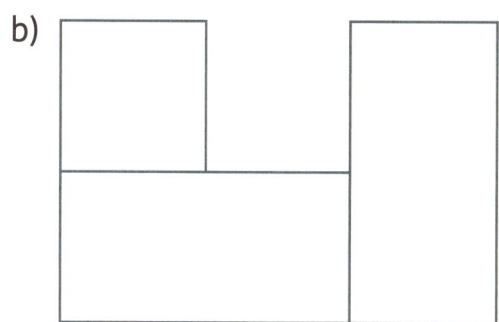

○ **2** Zeichne das Muster weiter. Markiere rechte Winkel im Muster.

a)
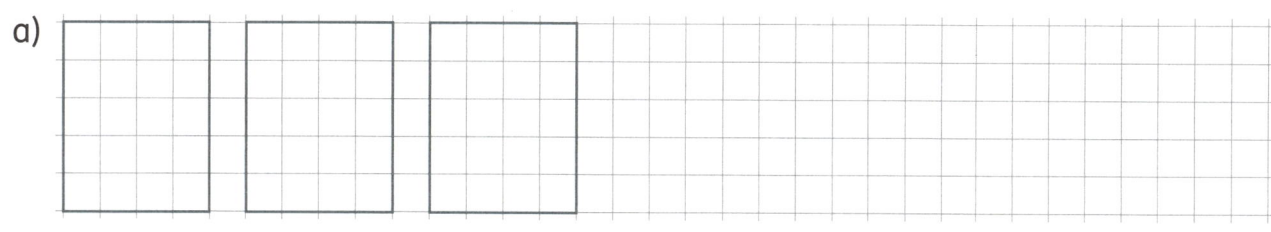

b)
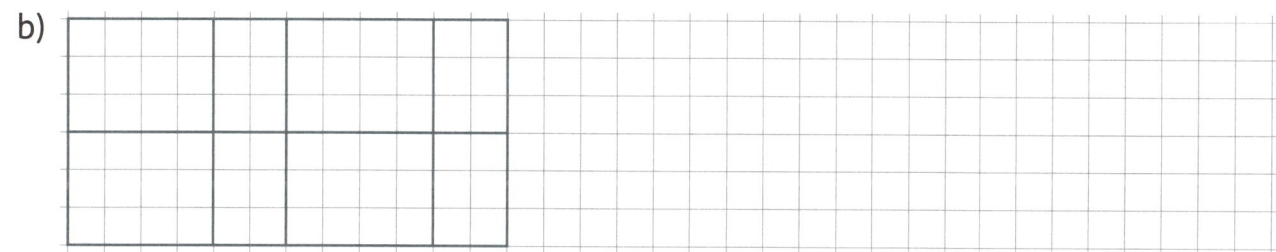

○ **3** Zeichne das Muster weiter. Benutze das Geodreieck.

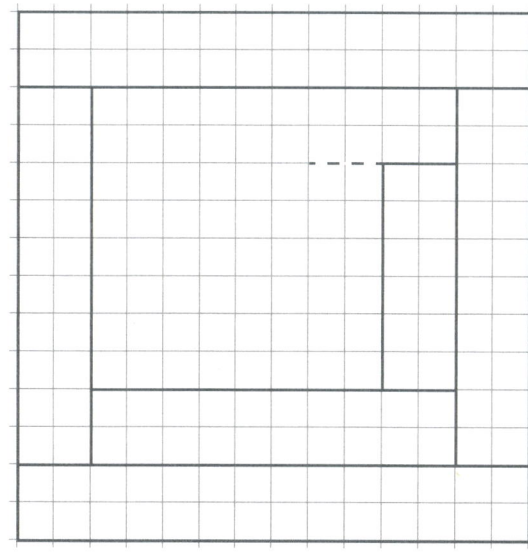

---

1 Parallele Linien jeweils in einer Farbe markieren. **2** Muster fortsetzen und rechte Winkel wie im Schulbuch angegeben markieren. **3** Muster mit dem Geodreieck fortsetzen, dabei auf die Längen der jeweiligen Strecken sowie Abstände der parallelen Linien achten.

→ Schulbuch, Seiten 46/47

29

Rechenwege bei der Addition

1 Mit Tausendern rechnen. Vergleiche.

a)

54 + 6 = _____

54 000 + 6 000 = _____

b)

92 + 7 = _____

92 000 + 7 000 = _____

c)

725 + 4 = _____

725 000 + 4 000 = _____

d)

47 + 42 = _____

47 000 + 42 000 = _____

e)

25 + 35 = _____

25 000 + 35 000 = _____

f)

850 + 43 = _____

850 000 + 43 000 = _____

2 Rechne und vergleiche. Markiere.

a) 23 430 + 40 = _____

23 430 + 400 = _____

23 430 + 4 000 = _____

b) 6 380 + 5 = _____

6 380 + 50 = _____

6 380 + 500 = _____

c) 820 135 + 7 000 = _____

820 135 + 700 = _____

820 135 + 70 = _____

d) 60 606 + 40 000 = _____

60 606 + 400 = _____

60 606 + 4 = _____

e) 43 043 + 5 = _____

43 043 + 5 000 = _____

43 043 + 5 005 = _____

f) 102 840 + 60 = _____

102 840 + 6 000 = _____

102 840 + 6 060 = _____

3 Rechne und vergleiche. Markiere.

a) 513 + 32 = _____

7 513 + 32 = _____

17 513 + 32 = _____

117 513 + 32 = _____

b) 400 + 510 = _____

2 400 + 510 = _____

42 400 + 510 = _____

642 400 + 510 = _____

c) 71 456 + 4 = _____

71 456 + 40 = _____

71 456 + 400 = _____

71 456 + 4 000 = _____

d) 573 123 + 16 000 = _____

573 123 + 1 600 = _____

573 123 + 160 = _____

573 123 + 16 = _____

1–3 Strukturen aus dem Tausenderraum auf einfache Aufgaben im Millionenraum übertragen.
→ Schulbuch, Seiten 50/51

Rechenwege bei der Addition

1 Wie rechnen die Kinder? Verbinde und rechne aus.

52 998 + 2 306

5 2 9 9 8 + 2 3 0 6 =
5 2 9 9 8 + 2 0 0 0 + 3 0 0 + 6 Anton

Z	T	T	H	Z	E
	5	2	9	9	8
+		2	3	0	6

Sophie

5 2 9 9 8 + 2 3 0 6 =
5 3 0 0 0 + 2 3 0 6 − 2 Finn

Ich schreibe stellenweise untereinander und addiere schriftlich.

Ich rechne mit einer Hilfsaufgabe im Kopf.

Ich rechne in Schritten vorwärts. Erst addiere ich die Tausender dazu, dann die Hunderter und dann die Einer.

2 Im Kopf oder schriftlich? Ordne und rechne.

50 998 + 374	6 350 + 3 600	2 225 + 8 345	15 475 + 2990
7 002 + 4 430	45 998 + 3 032	104 840 + 6 060	820 135 + 7 000
50 505 + 1 505	6 700 + 3 300	573 123 + 24	35 117 + 2 793

im Kopf — schriftlich

Rechenwege bei der Subtraktion

1 Wie rechnen die Kinder? Verbinde und rechne aus.

25 180 − 3 097

```
2 5 1 8 0 − 3 0 9 7 =
2 5 1 8 0 − 3 1 0 0 + 3        Lilly
```
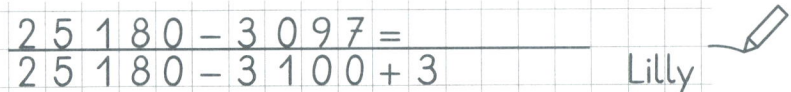

Ich rechne in Schritten zurück.

```
2 5 1 8 0 − 3 0 9 7 =
2 5 1 8 0 − 3 0 0 0 − 9 0 − 7    Finn
```

Ich ergänze geschickt.

```
2 5 1 8 0 − 3 0 9 7 =
3 0 9 7 + 3 + 8 0 + 2 2 0 0 0    Anton
```

Ich rechne mit einer Hilfsaufgabe.

2 Im Kopf oder schriftlich? Ordne und rechne.

83 000 − 23 000	3 369 − 2 998	72 015 − 69 000	6 898 − 1 819
18 578 − 12 979	5 170 − 2 999	39 583 − 23	47 900 − 3 300
9 870 − 1 890	14 340 − 4 340	6 530 − 999	940 192 − 40

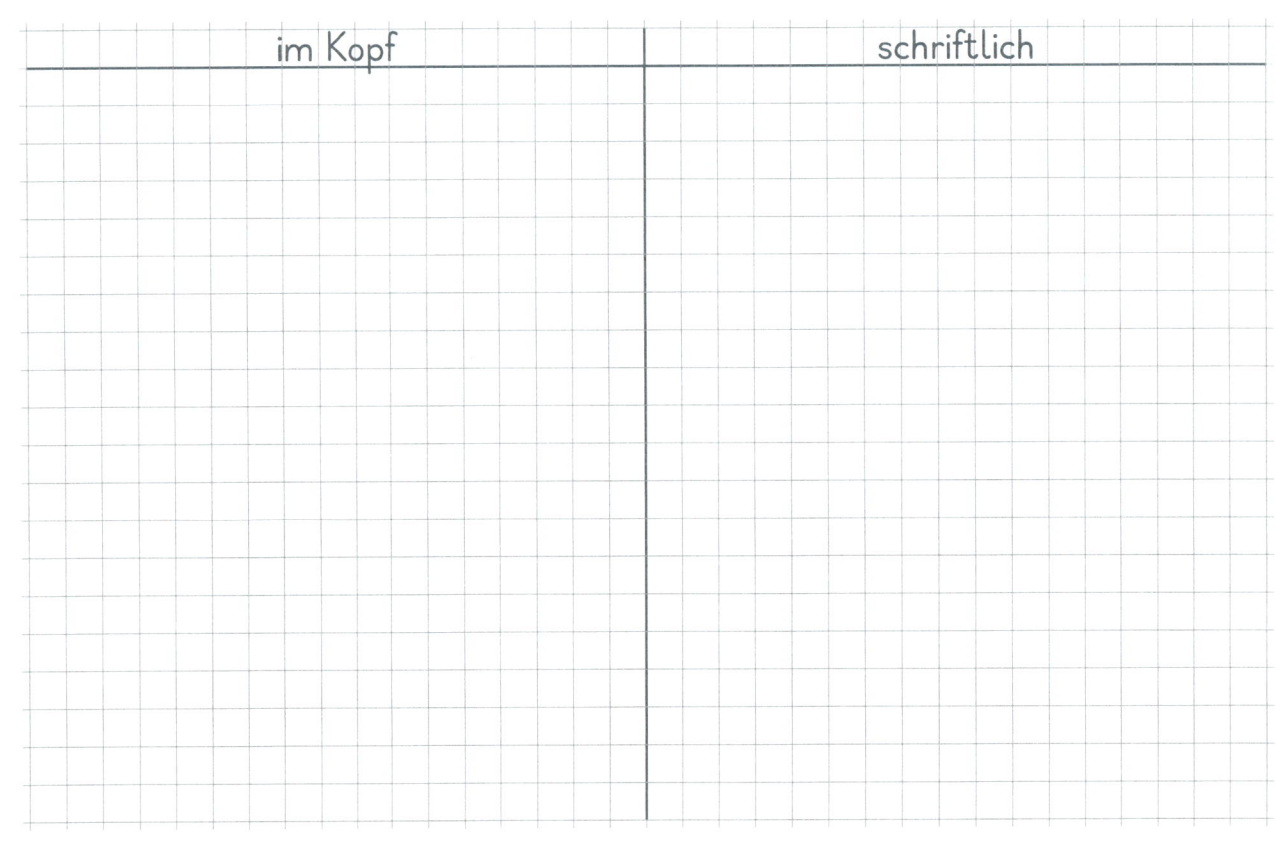

im Kopf	schriftlich

1, 2 Aufgaben im Kopf oder schriftlich rechnen.
→ Schulbuch, Seiten 52/53

Gemischte Übungen

1 Rechne. Vergleiche immer das Ergebnis mit der ersten Zahl.

a)
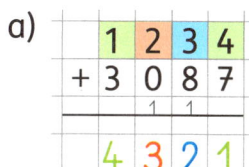

```
  1 2 3 4        2 3 4 5        3 4 5 6        4 5 6 7
+ 3 0 8 7      + 3 0 8 7      + 3 0 8 7      + 3 0 8 7
    1 1
  4 3 2 1
```

b)
```
  1 2 3 4        2 3 4 5        3 4 5 6        4 5 6 7
+ 2 8 8 9      + 2 8 8 9      + 2 8 8 9      + 2 8 8 9
```

c)
```
  1 2 3 4        2 3 4 5        3 4 5 6        4 5 6 7
+ 2 1 7 8      + 2 1 7 8      + 2 1 7 8      + 2 1 7 8
```

Was fällt dir auf?

_____

2 Finde die Fehler. Kreise ein und rechne richtig.

a)
```
  5 4 2 6        5 4 2 6
+ 2 3 5 9      + 2 3 5 9
  7 7 7 5
```

b)
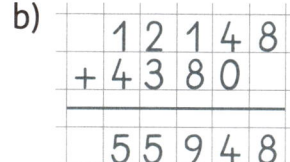
```
  1 2 1 4 8
+   4 3 8 0
  5 5 9 4 8
```

3 Welche Ziffern fehlen? Achte auf die Überträge.

a)
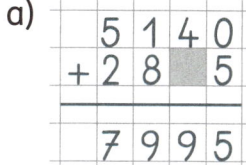
```
  5 1 4 0        5 1 4 0
+ 2 8 ▢ 5      + 2 8 ▢ 5
  7 9 9 5        8 0 0 5
```

b)
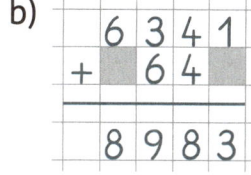
```
  6 3 4 1        6 3 4 1
+ ▢ 6 4 ▢      + ▢ 6 4 ▢
  8 9 8 3        9 9 9 0
```

c)
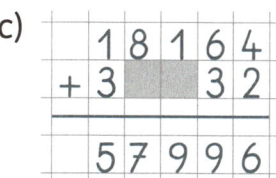 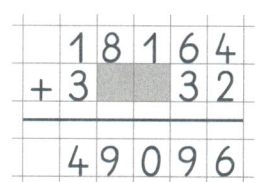
```
  1 8 1 6 4        1 8 1 6 4
+ 3 ▢ ▢ 3 2      + 3 ▢ ▢ 3 2
  5 7 9 9 6        4 9 0 9 6
```

d)
```
  6 5 4 3 2        6 5 4 3 2
+ ▢ ▢ 4 6 1      + ▢ ▢ 4 6 1
  8 6 8 9 3        7 2 8 9 3
```

Gemischte Übungen

1 Rechne und vergleiche.

a)
$538 - 38 = $ _____
$9\,538 - 38 = $ _____
$39\,538 - 38 = $ _____

b)
$49 - 7 = $ _____
$349 - 7 = $ _____
$8\,349 - 7 = $ _____

c)
$8\,220 - 10 = $ _____
$8\,220 - 200 = $ _____
$8\,220 - 210 = $ _____

d)
$4\,089 - 5 = $ _____
$4\,089 - 50 = $ _____
$4\,089 - 55 = $ _____

e)
$47\,918 - 300 = $ _____
$47\,918 - 3\,000 = $ _____
$47\,918 - 3\,300 = $ _____

f)
$753\,850 - 350 = $ _____
$753\,850 - 3\,000 = $ _____
$753\,850 - 3\,350 = $ _____

2 Rechne.

a)
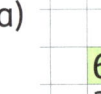

$$\begin{array}{r} 6\;5\;4\;3 \\ -\;3\;0\;8\;7 \\ \hline 3\;4\;5\;6 \end{array}$$

$$\begin{array}{r} 7\;6\;5\;4 \\ -\;3\;0\;8\;7 \\ \hline \end{array}$$

$$\begin{array}{r} 8\;7\;6\;5 \\ -\;3\;0\;8\;7 \\ \hline \end{array}$$

$$\begin{array}{r} 9\;8\;7\;6 \\ -\;3\;0\;8\;7 \\ \hline \end{array}$$

b)
$$\begin{array}{r} 4\;1\;2\;3 \\ -\;2\;8\;8\;9 \\ \hline \end{array}$$

$$\begin{array}{r} 5\;2\;3\;4 \\ -\;2\;8\;8\;9 \\ \hline \end{array}$$

$$\begin{array}{r} 6\;3\;4\;5 \\ -\;2\;8\;8\;9 \\ \hline \end{array}$$

$$\begin{array}{r} 7\;4\;5\;6 \\ -\;2\;8\;8\;9 \\ \hline \end{array}$$

c)
$$\begin{array}{r} 4\;3\;2\;1 \\ -\;2\;1\;7\;8 \\ \hline \end{array}$$

$$\begin{array}{r} 5\;4\;3\;2 \\ -\;2\;1\;7\;8 \\ \hline \end{array}$$

$$\begin{array}{r} 6\;5\;4\;3 \\ -\;2\;1\;7\;8 \\ \hline \end{array}$$

$$\begin{array}{r} 7\;6\;5\;4 \\ -\;2\;1\;7\;8 \\ \hline \end{array}$$

d) Vergleiche immer das Ergebnis mit der 1. Zahl. Was fällt dir auf?

_____

_____

_____

1 Strukturen aus dem Tausenderraum auf einfache Aufgaben im Millionenraum übertragen. **2** Schriftliche Subtraktion mehrstelliger Zahlen.

Mit Längen rechnen

1 Die höchsten Berge der 7 Kontinente.

 a) Beschreibt und vergleicht.

b) Rundet die Höhen auf Hunderter.

c) Ordnet die Berge der Höhe nach.

Kontinente sind die großen Erdteile.

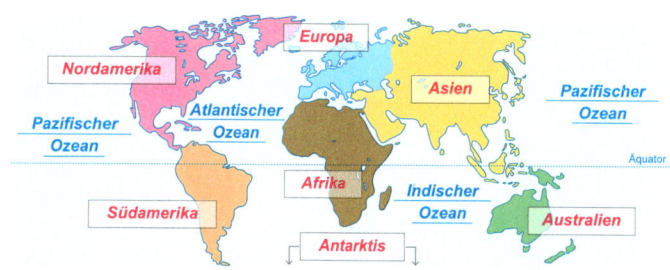

Kontinent	Berg	Höhe	gerundet
Asien	**M**ount **E**verest (ME)	8 850 m	8 900 m
Afrika	**K**ilimandscharo (K)	5 895 m	
Nordamerika	**D**enali (D)	6 190 m	
Südamerika	**A**concagua (A)	6 959 m	
Europa in EU	**E**lbrus (E) **M**ont **B**lanc (MB)	5 642 m 4 807 m	
Australien, Festland	**M**ount **K**osciuszko (MK)	2 228 m	
Antarktis	**M**ount **V**inson (MV)	4 892 m	

Berge in m geordnet
1.
2.
3.
4.
5.
6.
7.
8.

d) Zeichnet ein Säulendiagramm.

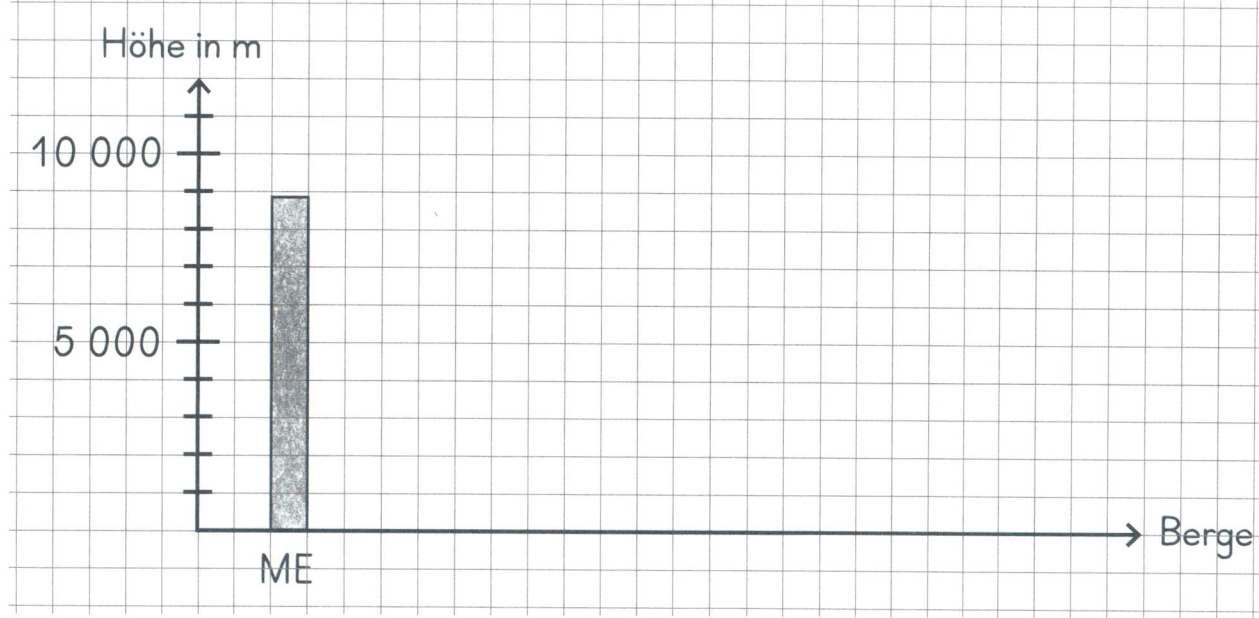

1 a) Höhen Die Berge der Kontinente besprechen und Vergleichen. Klären, dass der höchste Berg Europas, der Elbrus (russisches Kaukasus) oder der Mont Blanc (Europäische Union), abhängig von der Definition der innereurasischen Grenze, ist. b) Höhen auf Hunderter runden, c) der Höhe nach ordnen und d) in das Säulendiagramm einzeichnen.

→ Schulbuch, Seiten 56/57

Forschen und Finden: Die Fibonacci-Folge

1 Berechnet die Zahlenfolgen und setzt fort.

> Addiert immer die zwei nebeneinanderliegenden Zahlen. Beginnt mit den beiden Startzahlen. ☐ ☐

a)
1	3	4	7	11
2	3			
3	3			

b)
1	5			
3	5			
5	5			

c) Die 1. Startzahl ist immer erhöht. Wie verändert sich die 5. Zahl? Markiert mit Farben und Pfeilen. Beschreibt.

2 Berechnet die Zahlenfolgen und setzt fort.

a)
1	3			
1	4			
1	5			

b)
1	5			
1	7			
1	9			

c) Die 2. Startzahl ist immer erhöht. Wie verändert sich die 5. Zahl? Markiert mit Farben und Pfeilen. Beschreibt.

1, 2 Zahlenfolgen fortsetzen, operative Veränderungen an den Startzahlen durchführen. Beziehungen der Zahlenfolgen untereinander entdecken und begründen.
→ Schulbuch, Seite 58

Rückblick

1 Rechne.

a) 14 230 +   600 = _____

14 230 + 6 000 = _____

14 230 + 6 600 = _____

b) 28 700 −   500 = _____

28 700 − 3 500 = _____

28 700 − 13 500 = _____

2 Im Kopf oder schriftlich. Wie rechnest du?

a) 24 300 + 870 = _____

b) 49 999 + 2 680 = _____

c) 13 001 − 6 000 = _____

d) 4 235 − 1 999 = _____

3 Rechne und vergleiche.

a)

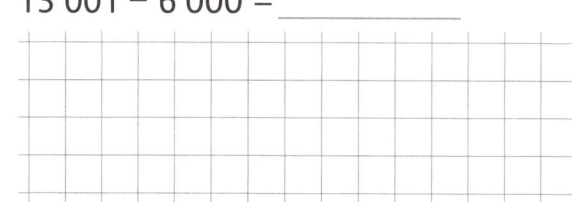

b)

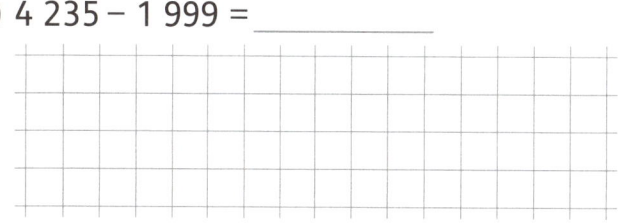

4 Runde auf Tausender.

Stadion	Plätze	gerundet
Barcelona	99 354	
Paris	44 283	
Madrid	81 242	

5 Zeichne ein.

0,5 l = _____ ml   0,75 l = _____ ml

6 Zeichne das Muster weiter. Markiere rechte Winkel.

Kreise

1 Zeichne die Muster mit dem Zirkel nach.

a)

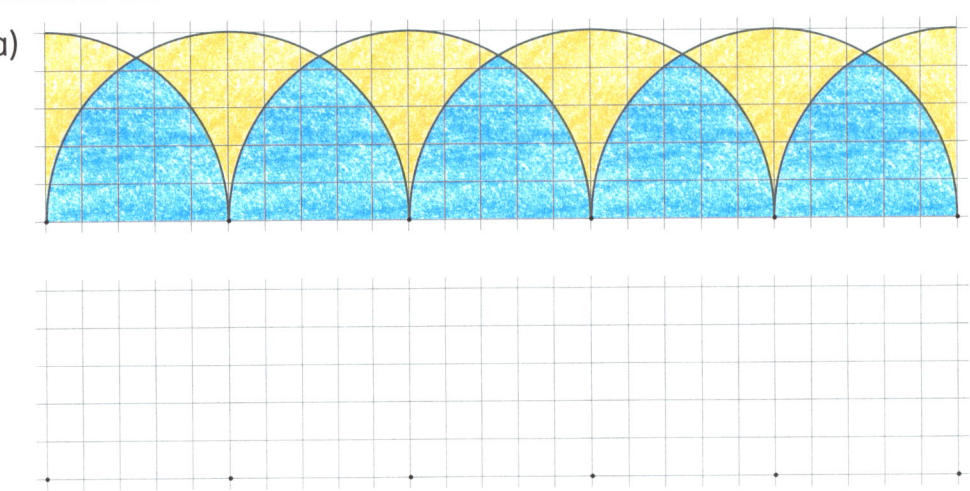

b)

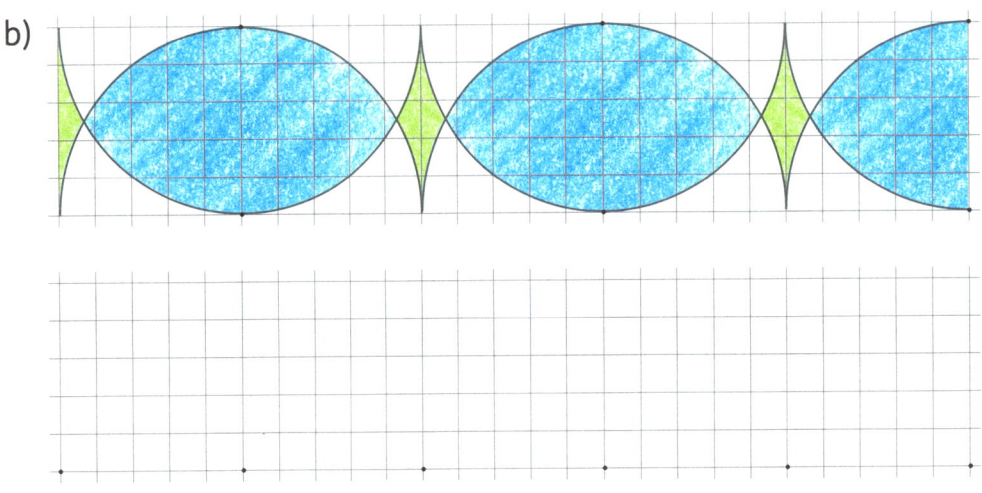

c)

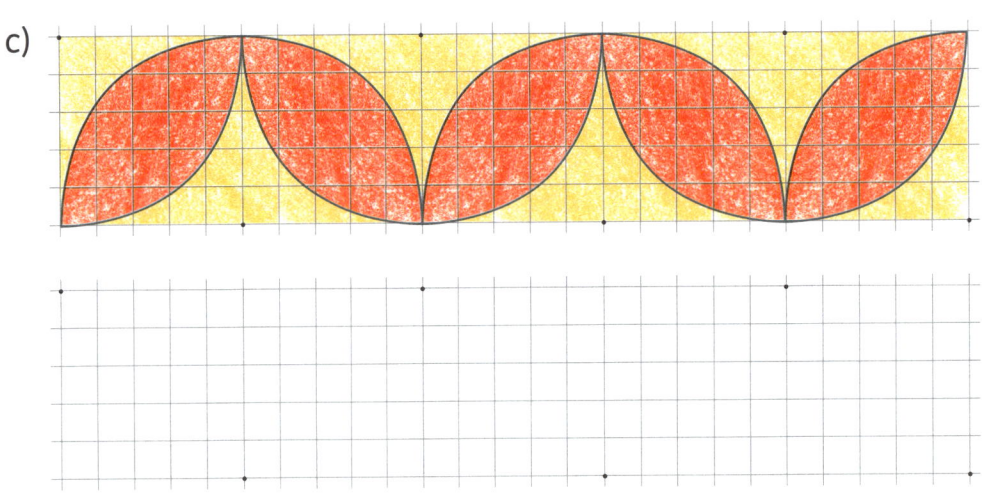

1 Muster nachzeichnen. Als Orientierung die markierten Punkte (im Karoraster) nutzen.
→ Schulbuch, Seiten 60/61

Symmetrie an der Zeichenuhr

1 Zeichne die Figuren nach dem Zeichenplan. Zeichne die Symmetrieachsen ein.

a) 60 → 20 → 40 → 60

b) 60 → 20 → 30 → 40 → 60

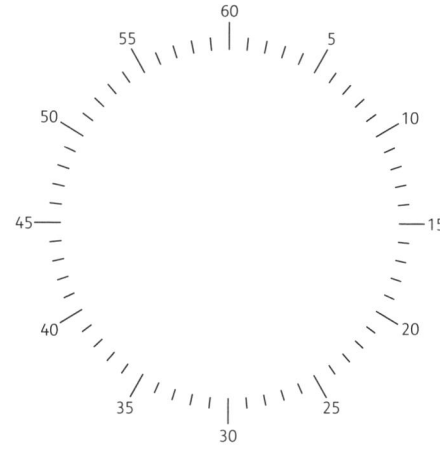 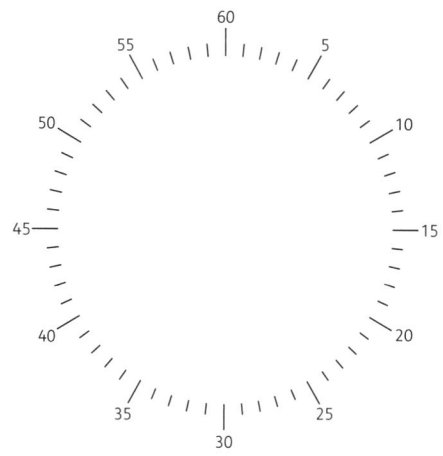

c) 15 → 35 → 55 → 15

d) 15 → 35 → 45 → 55 → 15

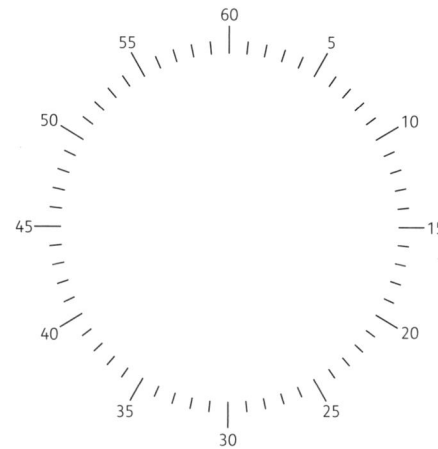 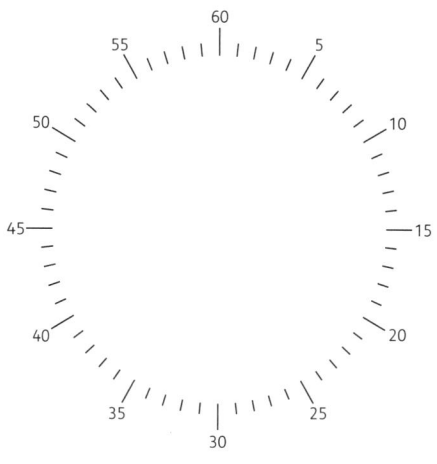

2 Finde ein Viereck mit dieser Symmetrieachse. Schreibe den Zeichenplan.

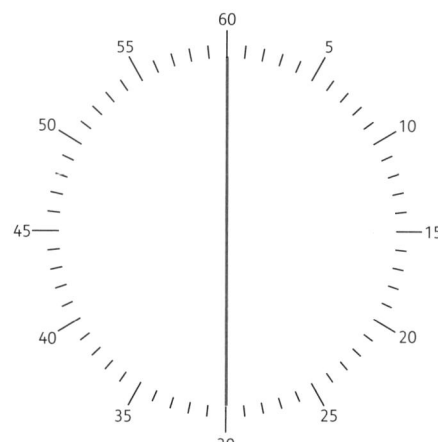

Zeichenplan:

_____

Bei allen Aufgaben sollte mit dem Lineal gezeichnet werden.   **1** Muster nach Zeichenplan einzeichnen. Symmetrieachsen (farbig) markieren.   **2** Ein Viereck zur angegebenen Symmetrieachse zeichnen. Zeichenplan (wie in Aufgabe 1) notieren.

→ Schulbuch, Seiten 62/63

39

Parkettierungen

1 Setze die Parkettierung fort. Beschreibe das Grundmuster.

a)

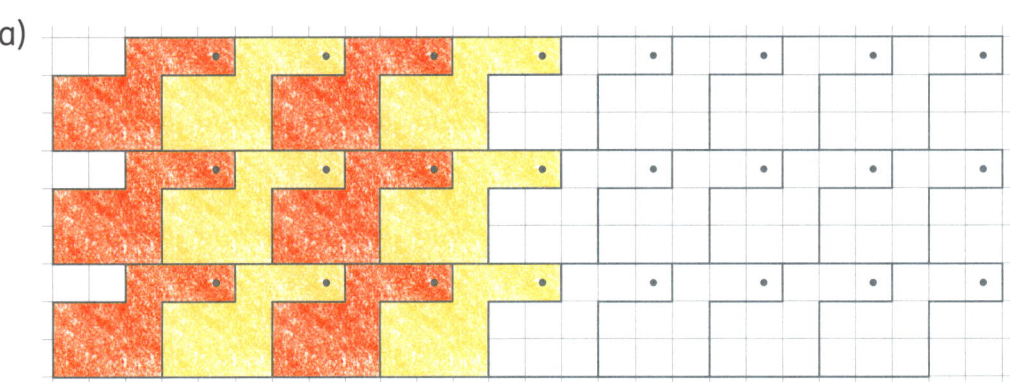

Das Grundmuster _besteht aus einer roten und einer gelben Figur._

b)

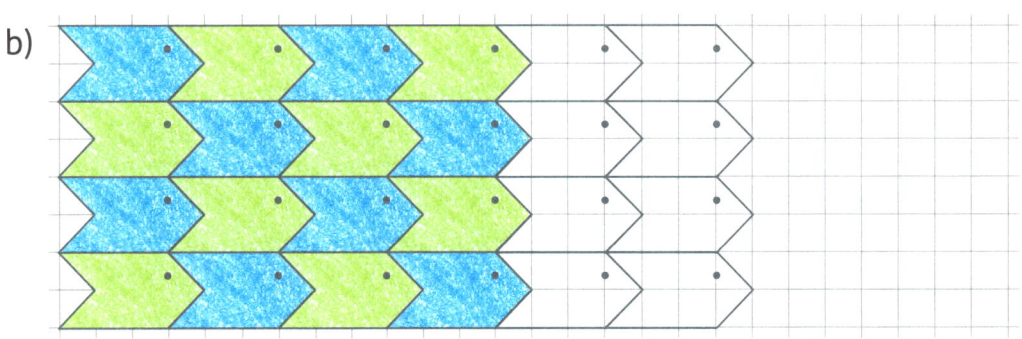

Das Grundmuster _____

2 Färbe die Parkettierung. Beschreibe das Grundmuster.

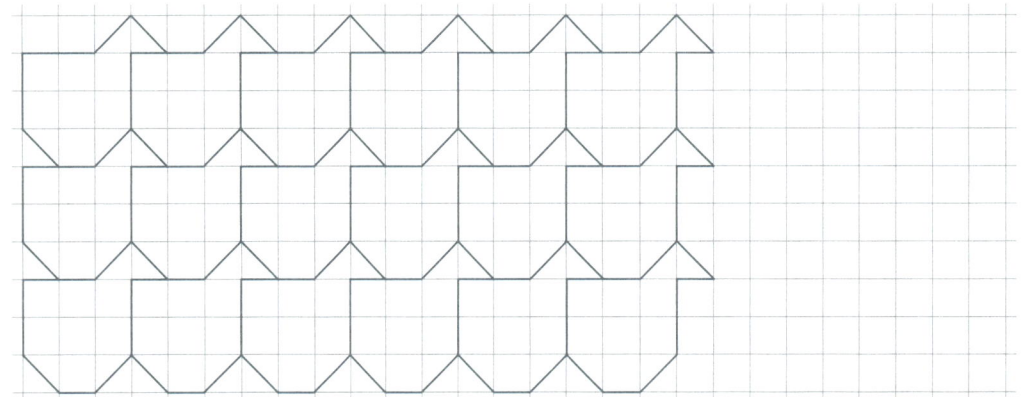

Das Grundmuster _____

_____

1 Grundmuster der Parkettierung erkennen und fortsetzen. Grundmuster wie im Beispiel a) beschreiben. **2** Grundmuster individuell festlegen und daraus eine Parkettierung entwickeln. Grundmuster beschreiben.
→ Schulbuch, Seiten 64/65

Einfache Mal- und Geteiltaufgaben

○ 1 Rechne mit der kleinen Malaufgabe.

a) 7 · 4 = _____   b) 6 · 7 = _____   c) 8 · 3 = _____

7 · 40 = _____   6 · 70 = _____   8 · 30 = _____

d) 3 · 5 = _____   e) 2 · 9 = _____   f) 5 · 8 = _____

3 · 50 = _____   2 · 90 = _____   5 · 80 = _____

○ 2 Rechne und vergleiche.

a) 5 · 30 = _____   b) 4 · 50 = _____   c) 2 · 60 = _____

7 · 30 = _____   6 · 50 = _____   4 · 60 = _____

d) 5 · 70 = _____   e) 6 · 20 = _____   f) 10 · 40 = _____

3 · 70 = _____   4 · 20 = _____   8 · 40 = _____

○ 3 Rechne.

a) 8 · _____ = 16   b) 4 · _____ = 36   c) 6 · _____ = 42

8 · _____ = 160   40 · _____ = 360   60 · _____ = 420

d) 3 · _____ = 21   e) 5 · _____ = 30   f) 9 · _____ = 27

3 · _____ = 210   50 · _____ = 300   90 · _____ = 270

✳ 4 Finde Malaufgaben.

| 60 | 6 | 800 | 70 | 30 | 400 | 500 | 5 | 3 |

Das Ergebnis soll …

a) … kleiner als 1 000 sein.

b) … größer als 1 000 sein.

1–3 Zusammenhänge zwischen kleinen und großen Multiplikationsaufgaben erkennen; Analogien nutzen. 4 Aufgaben mit Blick auf das Produkt auswählen und berechnen.

→ Schulbuch, Seiten 66/67

41

Einfache Mal- und Geteiltaufgaben

1 Rechne mit der kleinen Geteiltaufgabe.

a)　　24 : 6 = _____　　　b)　　36 : 4 = _____　　　c)　　56 : 7 = _____

　　240 : 6 = _____　　　　360 : 4 = _____　　　　560 : 7 = _____

d)　　12 : 4 = _____　　　e)　　27 : 9 = _____　　　f)　　45 : 5 = _____

　1 200 : 4 = _____　　　2 700 : 9 = _____　　　4 500 : 5 = _____

2 Rechne und vergleiche.

a)　160 : 2 = _____　　　b)　180 : 6 = _____　　　c)　200 : 5 = _____

　　160 : 4 = _____　　　　180 : 3 = _____　　　　200 : 4 = _____

d) 2 400 : 8 = _____　　e) 2 800 : 7 = _____　　f) 3 000 : 3 = _____

　2 400 : 3 = _____　　　2 800 : 4 = _____　　　3 000 : 6 = _____

3 Rechne.

a)　42 : _____ = 6　　　b)　48 : _____ = 8　　　c)　35 : _____ = 7

　420 : _____ = 6　　　480 : _____ = 8　　　350 : _____ = 7

d)　21 : _____ = 7　　　e)　27 : _____ = 9　　　f)　25 : _____ = 5

　210 : _____ = 7　　　270 : _____ = 9　　　250 : _____ = 5

✳ 4 Finde Geteiltaufgaben.

| 2 | 4 | 6 | 20 | 240 | 480 | 1 000 | 3 600 |

Das Ergebnis soll ...

a) ... kleiner als 100 sein.

b) ... größer als 100 sein.

1–3 Zusammenhänge zwischen kleinen und großen Divisionsaufgaben erkennen; Analogien nutzen.　4 Aufgaben mit Blick auf den Quotienten auswählen und berechnen.
→ Schulbuch, Seiten 66/67

Das Stelleneinmaleins

1 Zehner-Vielfache. Rechne.

a) 5 $\xrightarrow{\cdot 4}$ _____ $\xrightarrow{\cdot 10}$ _____   5 $\xrightarrow{\cdot 4}$ _____ $\xrightarrow{\cdot 100}$ _____

5 $\xrightarrow{\cdot 40}$ _____   5 $\xrightarrow{\cdot 400}$ _____

b) 5 $\xrightarrow{\cdot 8}$ _____ $\xrightarrow{\cdot 10}$ _____   5 $\xrightarrow{\cdot 8}$ _____ $\xrightarrow{\cdot 100}$ _____

5 $\xrightarrow{\cdot 80}$ _____   5 $\xrightarrow{\cdot 800}$ _____

c) 6 $\xrightarrow{\cdot 5}$ _____ $\xrightarrow{\cdot 10}$ _____   6 $\xrightarrow{\cdot 5}$ _____ $\xrightarrow{\cdot 100}$ _____

6 $\xrightarrow{\cdot 50}$ _____   6 $\xrightarrow{\cdot 500}$ _____

d) 9 $\xrightarrow{\cdot 5}$ _____ $\xrightarrow{\cdot 10}$ _____   9 $\xrightarrow{\cdot 5}$ _____ $\xrightarrow{\cdot 100}$ _____

9 $\xrightarrow{\cdot 50}$ _____   9 $\xrightarrow{\cdot 500}$ _____

2 Schöne Päckchen mit Zehner-Vielfachen. Rechne, vergleiche und setze fort.

a) $7 \cdot 2 =$ _____   b) $3 \cdot 6 =$ _____   c) $4 \cdot 8 =$ _____

$7 \cdot 20 =$ _____ $3 \cdot 60 =$ _____ $4 \cdot 80 =$ _____

$7 \cdot 200 =$ _____ $3 \cdot 600 =$ _____ $4 \cdot 800 =$ _____

d) $5 \cdot 7 =$ _____   e) $8 \cdot 3 =$ _____   f) $9 \cdot 4 =$ _____

$5 \cdot 70 =$ _____ $8 \cdot$ _____ $=$ _____   _____ $\cdot$ _____ $=$ _____

$5 \cdot$ _____ $=$ _____   _____ $\cdot$ _____ $=$ _____   _____ $\cdot$ _____ $=$ _____

3 Vergleiche. < oder > oder =?

a) $5 \cdot 7 \bigcirc 40$ b) $8 \cdot 4 \bigcirc 30$ c) $4 \cdot 3 \bigcirc 12$

$5 \cdot 70 \bigcirc 400$ $8 \cdot 40 \bigcirc 300$ $4 \cdot 30 \bigcirc 120$

d) $5 \cdot 30 \bigcirc 1\,500$ e) $6 \cdot 40 \bigcirc 240$ f) $8 \cdot 20 \bigcirc 2\,000$

$5 \cdot 300 \bigcirc 1\,500$ $6 \cdot 400 \bigcirc 240$ $8 \cdot 200 \bigcirc 2\,000$

g) $3\,000 \bigcirc 9 \cdot 300$ h) $4\,000 \bigcirc 7 \cdot 500$ i) $6\,000 \bigcirc 9 \cdot 700$

$3\,000 \bigcirc 9 \cdot 3\,000$ $4\,000 \bigcirc 7 \cdot 5\,000$ $6\,000 \bigcirc 9 \cdot 7\,000$

1, 2 Zusammenhänge zwischen kleinen und großen Divisionsaufgaben erkennen und nutzen.   3 Aufgaben mit Ergebnissen vergleichen.

→ Schulbuch, Seite 68

Das Stelleneinmaleins

○ 1 Rechne.

a) $720 \xrightarrow{:8} \underline{\quad} \xrightarrow{:10} \underline{\quad}$ $7\,200 \xrightarrow{:8} \underline{\quad} \xrightarrow{:100} \underline{\quad}$

   $720 \xrightarrow{:80} \underline{\quad}$ $7\,200 \xrightarrow{:800} \underline{\quad}$

b) $540 \xrightarrow{:6} \underline{\quad} \xrightarrow{:10} \underline{\quad}$ $5\,400 \xrightarrow{:6} \underline{\quad} \xrightarrow{:100} \underline{\quad}$

   $540 \xrightarrow{:60} \underline{\quad}$ $5\,400 \xrightarrow{:600} \underline{\quad}$

c) $630 \xrightarrow{:7} \underline{\quad} \xrightarrow{:10} \underline{\quad}$ $6\,300 \xrightarrow{:7} \underline{\quad} \xrightarrow{:100} \underline{\quad}$

   $630 \xrightarrow{:70} \underline{\quad}$ $6\,300 \xrightarrow{:700} \underline{\quad}$

d) $240 \xrightarrow{:3} \underline{\quad} \xrightarrow{:10} \underline{\quad}$ $2\,400 \xrightarrow{:3} \underline{\quad} \xrightarrow{:100} \underline{\quad}$

   $240 \xrightarrow{:30} \underline{\quad}$ $2\,400 \xrightarrow{:300} \underline{\quad}$

○ 2 Dividiere mit großen Zahlen wie mit kleinen Zahlen.

a) $24 : 3 = \underline{\quad}$ b) $18 : 2 = \underline{\quad}$ c) $25 : 5 = \underline{\quad}$

   $240 : 3 = \underline{\quad}$ $180 : 2 = \underline{\quad}$ $250 : 5 = \underline{\quad}$

d) $63 : 7 = \underline{\quad}$ e) $48 : 6 = \underline{\quad}$ f) $56 : 8 = \underline{\quad}$

   $630 : 7 = \underline{\quad}$ $480 : 6 = \underline{\quad}$ $560 : 8 = \underline{\quad}$

g) $720 : 8 = \underline{\quad}$ h) $360 : 4 = \underline{\quad}$ i) $270 : 3 = \underline{\quad}$

   $720 : 80 = \underline{\quad}$ $360 : 40 = \underline{\quad}$ $270 : 30 = \underline{\quad}$

○ 3 Vergleiche. < oder > oder =?

a) $350 : 7 \bigcirc 5$ b) $420 : 6 \bigcirc 70$ c) $120 : 6 \bigcirc 20$

   $350 : 70 \bigcirc 5$ $420 : 60 \bigcirc 70$ $120 : 60 \bigcirc 20$

d) $3 \bigcirc 270 : 9$ e) $4 \bigcirc 3\,200 : 8$ f) $60 \bigcirc 420 : 7$

   $3 \bigcirc 27 : 9$ $4 \bigcirc 3\,200 : 80$ $60 \bigcirc 420 : 70$

1, 2 Zusammenhänge zwischen kleinen und großen Divisionsaufgaben erkennen und nutzen.   **3** Aufgaben mit Ergebnissen vergleichen.
→ Schulbuch, Seite 69

Rechenwege bei der Multiplikation

1 Welche Aufgaben rechnen die Kinder? Rechne und verbinde.

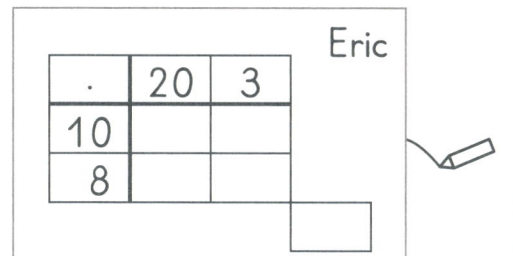

Eric

·	20	3
10		
8		

Mila

$$4\,0 \cdot 1\,0 = 4\,0\,0$$
$$4\,0 \cdot 2 =$$
$$9 \cdot 1\,0 =$$
$$9 \cdot 2 =$$

18 · 23

49 · 12

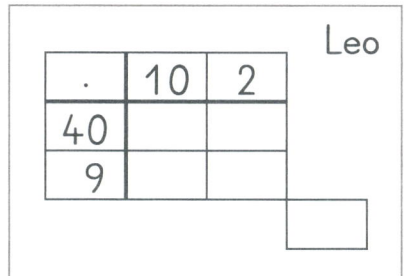

Leo

·	10	2
40		
9		

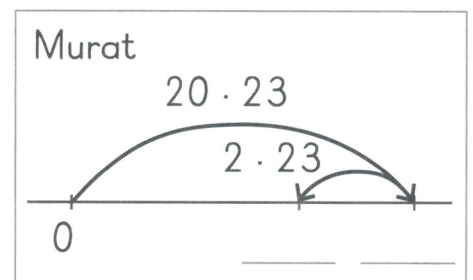

Murat

20 · 23

2 · 23

0 _____ _____

2 Rechne mit dem Malkreuz.

a) 15 · 73 = _____

·	70	3
10		
5		

15 · 53 = _____

·	50	3
10		
5		

15 · 57 = _____

·	50	7
10		
5		

b) 89 · 14 = _____

·	10	4
80		
9		

84 · 19 = _____

·	10	9
80		
4		

49 · 18 = _____

·	10	8
40		
9		

3 Wie rechnet ihr? Zerlegt am Malkreuz oder schreibt als Aufgabe.

a) 13 · 28

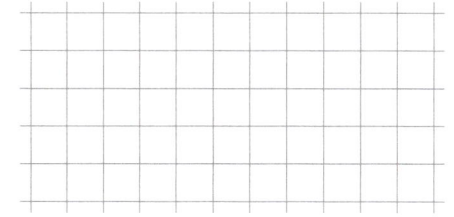

b) 16 · 49

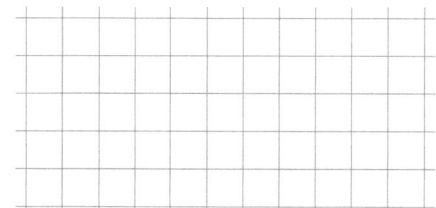

1, 2 Rechenwege unterscheiden, sichern und nutzen.   3 Rechenweg wählen und Aufgabe damit berechnen.

→ Schulbuch, Seiten 70/71

45

Rechenwege bei der Multiplikation

1 Rechne und vergleiche.

a) 4 · 600 = _____
   4 · 90 = _____
   4 · 690 = _____

b) 3 · 200 = _____
   3 · 40 = _____
   3 · 240 = _____

c) 5 · 700 = _____
   5 ·   60 = _____
   5 · 760 = _____

d) 2 · 800 = _____
   2 ·   7 = _____
   2 · 807 = _____

e) 6 · 600 = _____
   6 ·   5 = _____
   6 · 605 = _____

f) 8 · 900 = _____
   8 ·   3 = _____
   8 · 903 = _____

g) 7 · 400 = _____
   7 · 50 = _____
   7 ·   3 = _____
   7 · 453 = _____

h) 9 · 600 = _____
   9 · 50 = _____
   9 ·   7 = _____
   9 · 657 = _____

i) 5 · 4 000 = _____
   5 · 300 = _____
   5 ·   6 = _____
   5 · 4 306 = _____

2 Rechne und vergleiche.

a) 40 · 5 = _____
   42 · 5 = _____

b) 30 · 4 = _____
   31 · 4 = _____

c) 100 · 6 = _____
   102 · 6 = _____

d) 30 · 5 = _____
   29 · 5 = _____

e) 50 · 4 = _____
   48 · 4 = _____

f) 100 · 7 = _____
    99 · 7 = _____

g) 200 · 8 = _____
   205 · 8 = _____

h) 80 · 5 = _____
   79 · 5 = _____

i) 1 000 · 6 = _____
   990 · 6 = _____

3 Wie rechnest du? Rechne am Malkreuz oder schreibe als Aufgabe.

a) 5 · 99

b) 20 · 302

c) 4 · 98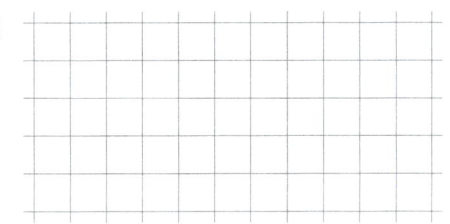

d) 30 · 201

1, 2 Beziehungen zwischen Aufgaben erkennen und nutzen.   **3** Rechenwege erkennen und nutzen.
→ Schulbuch, Seiten 70/71

Rechenwege bei der Division

1 Welche Aufgaben rechnen die Kinder? Rechne und verbinde.

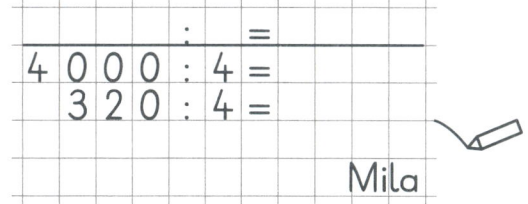

	:	=
4 0 0 0	: 4 =	
3 2 0	: 4 =	

Mila

3 992 : 4

	:	=
4 0 0 0	: 4 =	
2 0 0	: 4 =	
1 2 0	: 4 =	

Max

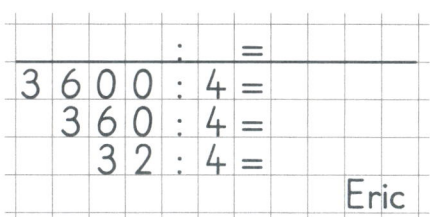

	:	=
3 6 0 0	: 4 =	
3 6 0	: 4 =	
3 2	: 4 =	

Eric

4 320 : 4

	:	=
4 0 0 0	: 4 = 1 0 0 0	
8	: 4 =	2
1 0 0 0	− 2 =	

Lena

2 Rechne und vergleiche.

a) 60 : 3 = _____
9 : 3 = _____
69 : 3 = _____

b) 180 : 6 = _____
12 : 6 = _____
192 : 6 = _____

c) 400 : 8 = _____
40 : 8 = _____
440 : 8 = _____

d) 350 : 5 = _____
10 : 5 = _____
360 : 5 = _____

e) 300 : 5 = _____
25 : 5 = _____
325 : 5 = _____

f) 280 : 7 = _____
21 : 7 = _____
301 : 7 = _____

g) 1 600 : 8 = _____
16 : 8 = _____
1 616 : 8 = _____

h) 8 000 : 8 = _____
48 : 8 = _____
8 048 : 8 = _____

i) 2 700 : 9 = _____
90 : 9 = _____
2 790 : 9 = _____

j) 2 000 : 5 = _____
35 : 5 = _____
2 035 : 5 = _____

k) 6 000 : 6 = _____
120 : 6 = _____
6 120 : 6 = _____

l) 7 200 : 8 = _____
400 : 8 = _____
7 600 : 8 = _____

3 Wie rechnest du?

a) 213 : 3

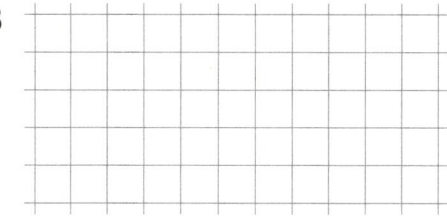

b) 186 : 6

1, 2 Rechenwege unterscheiden, sichern und nutzen.   3 Rechenweg wählen und Aufgabe damit berechnen.
→ Schulbuch, Seiten 72/73

47

Rechenwege bei der Division

1 Schwierige Divisionsaufgaben rechnen.

a) __310 : 5 = _____
   300 : 5 = _____
   10 : 5 = _____

b) __515 : 5 = _____
   500 : 5 = _____
   15 : 5 = _____

c) __235 : 5 = _____
   200 : 5 = _____
   35 : 5 = _____

d) __2 790 : 3 = _____
   2 700 : 3 = _____
   90 : 3 = _____

e) __1 890 : 3 = _____
   1 800 : 3 = _____
   90 : 3 = _____

f) __1 620 : 3 = _____
   1 500 : 3 = _____
   120 : 3 = _____

g) __1 616 : 8 = _____
   1 600 : 8 = _____
   16 : 8 = _____

h) __4 840 : 8 = _____
   4 800 : 8 = _____
   40 : 8 = _____

i) __1 890 : 9 = _____
   1 800 : 9 = _____
   90 : 9 = _____

2 Beginne mit der einfachen Aufgabe und nutze diese als Hilfsaufgabe. Kreuze an.

a) 180 : 6 = _____
   174 : 6 = _____

b) 250 : 5 = _____
   245 : 5 = _____

c) 480 : 8 = _____
   472 : 8 = _____

d) 1 200 : 6 = _____
   1 194 : 6 = _____

e) 5 000 : 5 = _____
   4 995 : 5 = _____

f) 2 400 : 8 = _____
   2 392 : 8 = _____

g) 900 : 90 = _____
   810 : 90 = _____

h) 1 600 : 40 = _____
   1 560 : 40 = _____

i) 6 300 : 70 = _____
   6 230 : 70 = _____

3 Wie rechnest du? Schreibe deinen Rechenweg auf.

a) 1 890 : 90

b) 3 510 : 90

c) 4 207 : 7

d) 4 893 : 7

1, 2 Beziehungen zwischen Aufgaben erkennen und nutzen.   3 Rechenwege erkennen und nutzen.

1 Rechne mit Malstreifen. Vergleiche.

a) 67 · 3 = _____

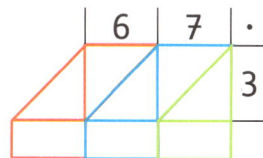

67 · 23 = _____

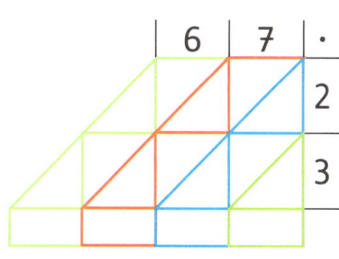

67 · 123 = _____

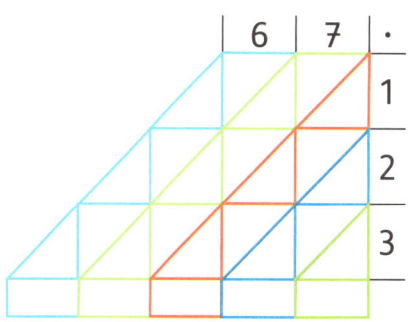

b) 94 · 6 = _____

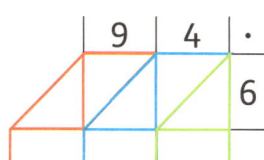

94 · 36 = _____

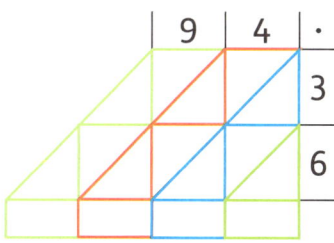

94 · 636 = _____

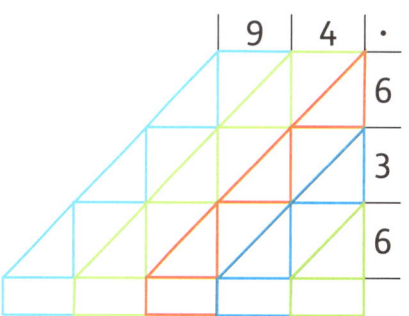

2 Rechne und vergleiche.

a) 7 · 43 = _____

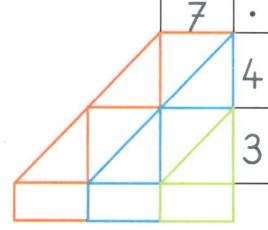

37 · 43 = _____

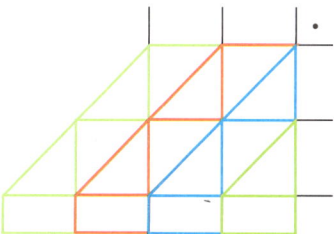

137 · 43 = _____

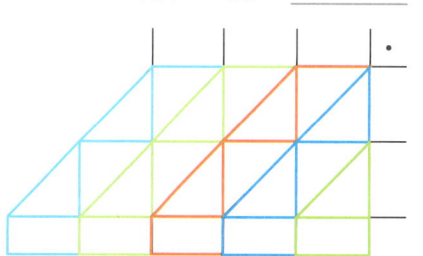

b) 4 · 75 = _____

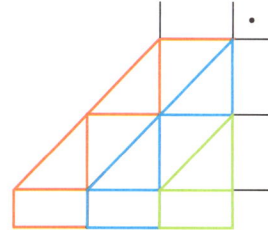

54 · 75 = _____

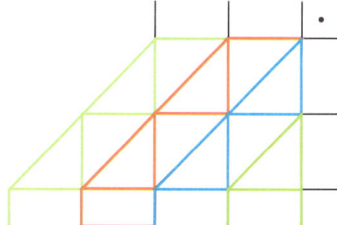

354 · 75 = _____

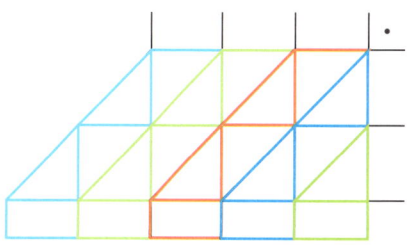

Das Rechenverfahren nach Neper nachvollziehen und anwenden. **1, 2** Zusammenhänge zwischen den Aufgaben erkennen.
Veränderungen zwischen beiden Multiplikanden bzw. Multiplikatoren erkennen und deren Auswirkungen beschreiben.

→ Schulbuch, Seite 74

49

Rückblick

1 Rechne die große Aufgabe mit der kleinen Aufgabe.

a) 6 · 7 = _____

60 · 7 = _____

6 · 700 = _____

b) 3 · 5 = _____

300 · 5 = _____

30 · 50 = _____

c) 20 : 4 = _____

2 000 : 4 = _____

200 : 40 = _____

2 Beginne immer mit der einfachen Aufgabe. Kreuze diese an.

a) 300 · 4 = _____

301 · 4 = _____

b) 39 · 5 = _____

40 · 5 = _____

c) 20 · 50 = _____

19 · 50 = _____

d) 450 : 5 = _____

460 : 5 = _____

e) 300 : 6 = _____

318 : 6 = _____

f) 3 493 : 7 = _____

3 500 : 7 = _____

3 Wie rechnest du? Beschreibe deinen Rechenweg.

a) 7 · 89 = _____

b) 248 : 4 = _____

c) 1 592 : 8 = _____

4 Setze das Muster mit dem Zirkel fort.

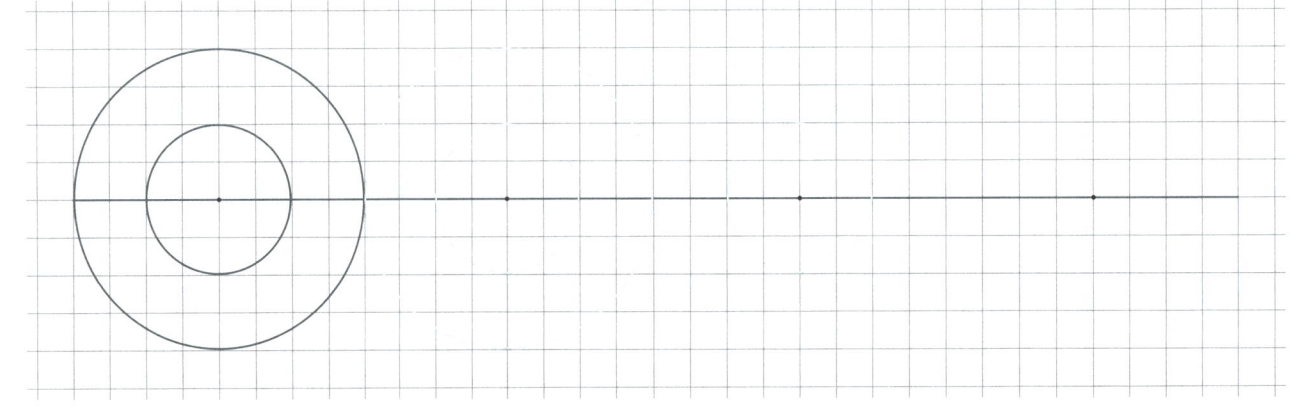

Wesentliche Aspekte des Kapitels noch einmal reflektieren, die eigenen Kompetenzen einschätzen.

→ Schulbuch, Seite 75

Sachtexte: Aussagen prüfen

1

| 12. November 1929: Michael Ende wird in Garmisch geboren. | 1962: Das Buch „Jim Knopf und die Wilde 13" erscheint. | 28. August 1995: Michael Ende stirbt in Filderstadt. |

1960: Das Buch „Jim Knopf und Lukas der Lokomotivführer" erscheint.

1979: Das Buch „Die unendliche Geschichte" erscheint. Es wird in mehr als 40 Sprachen übersetzt und verkauft sich mehr als 10 Millionen Mal.

Stimmen die Aussagen? Überprüfe.

Michael Ende ist 76 Jahre alt geworden.
☐ ja ☐ nein

Als „Jim Knopf und Lukas der Lokomotivführer" erschien, war Michael Ende 31 Jahre alt.
☐ ja ☐ nein

Die Fortsetzung von Jim Knopf erschien neun Jahre später als das erste Buch.
☐ ja ☐ nein

Das Buch „Die unendliche Geschichte" verkaufte sich mehr als 10 Millionen Mal.
☐ ja ☐ nein

In dem Jahr, in dem „Die unendliche Geschichte" erschien, wurde Michael Ende 50 Jahre alt.
☐ ja ☐ nein

2 Stimmen die Aussagen? Überprüfe mit einem Überschlag.

Anton

Mein Vater ist 40 Jahre alt. Also ist er älter als 500 Monate.

Überschlag:

☐ ja ☐ nein

Kim

Mein Hund ist 2 Jahre alt. Das sind mehr als 500 Tage.

Überschlag:

☐ ja ☐ nein

1 Aufgaben anhand der Sachinformationen bearbeiten.   2 Aussagen durch eine Überschlagsrechnung prüfen.
→ Schulbuch, Seiten 76/77

51

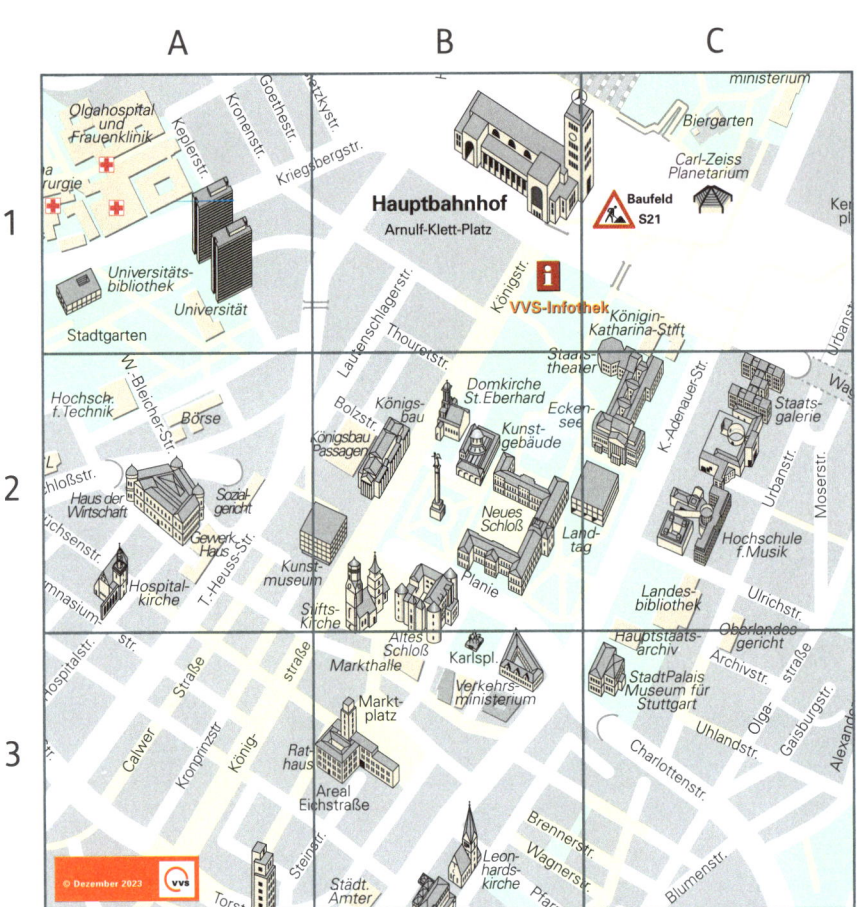

○ **1** In welchen Planquadraten liegt …

   a) … die Universität? _____   b) … das Carl-Zeiss Planetarium? _____

   c) … der Königsbau? _____   d) … das Haus der Wirtschaft? _____

   e) … der Landtag? _____   f) … das Rathaus? _____

◐ **2** Welche Sehenswürdigkeit ist gesucht?

   a) Die Sehenswürdigkeit liegt in B1 und C1.

   b) Die Sehenswürdigkeit liegt in A2 und B2.

   c) Die Sehenswürdigkeit liegt in B2 und B3.

   Es ist _____ _____

   Es ist _____ _____

   Es ist _____ _____

1 Sehenswürdigkeit im Ausschnitt der Karte finden und das Planquadrat bestimmen.   **2** Planquadrate suchen und feststellen, um welche Sehenswürdigkeit es sich handelt.

→ Schulbuch, Seiten 80/81

Maßstab: Vergrößern und Verkleinern

1 Die Entwicklung eines Wasserfrosches.

Wie groß ist der Frosch in den einzelnen Entwicklungsstadien in Wirklichkeit?

Maßstab 2:1

Froschlaich

gemessen: _1,6 cm_

in Wirklichkeit: _0,8 cm_

Larve direkt nach dem Schlüpfen

gemessen: _____

in Wirklichkeit: _____

Kaulquappe

gemessen: _____

in Wirklichkeit: _____

Ausgewachsene Kaulquappe mit Hinterbeinen

gemessen: _____

in Wirklichkeit: _____

2

a) Wähle eine Figur aus und vergrößere sie im Maßstab 2 : 1.

b) Wähle eine Figur aus und verkleinere sie im Maßstab 1 : 2.

1 Längenangaben in den Bildern messen (die rote Linie zur Orientierung beim Messen nutzen) und maßstabsgetreu umrechnen. **2** Vergrößern und verkleinern auf Karopapier.

→ Schulbuch, Seiten 82/83

Schriftliche Multiplikation

1 Rechne schriftlich und mit dem Malkreuz. Vergleiche.

a) 54 · 6

5	4	·	6
H	**Z**	**E**	
3	2	4	

·	6
50	300
4	24

b) 83 · 4

8	3	·	4
H	**Z**	**E**	

·	4
80	
3	

c) 543 · 5

5	4	3	·	5
T	**H**	**Z**	**E**	

·	5
500	
40	
3	

d) 395 · 8

3	9	5	·	8
T	**H**	**Z**	**E**	

·	8
300	
90	
5	

2 Rechne schriftlich. Schreibe stellengerecht.

a)
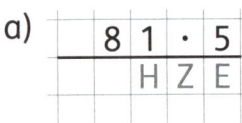

b)

7	3	·	3
H	**Z**	**E**	

c)

3	4	·	2
H	**Z**	**E**	

d)

6	3	·	4
H	**Z**	**E**	

e)
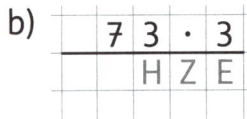

f)

7	6	·	3
H	**Z**	**E**	

g)
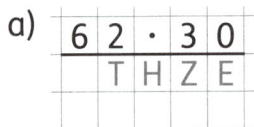

h)

1	7	8	·	7
T	**H**	**Z**	**E**	

i)

1	3	6	·	4
T	**H**	**Z**	**E**	

3 Multipliziere schriftlich mit Zehner-Vielfachen. Schreibe stellengerecht.

a)
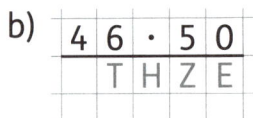

b)

4	6	·	5	0
T	**H**	**Z**	**E**	

c)

5	3	·	9	0
T	**H**	**Z**	**E**	

1–3 Das Verfahren der schriftlichen Multiplikation einüben.
→ Schulbuch, Seiten 84/85

Schriftlich multiplizieren

1 Rechne schriftlich. Beginne mit den Zehnern.

a)
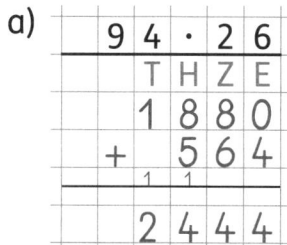

```
9 4 · 2 6
  T H Z E
  1 8 8 0
+   5 6 4
  1   1
  2 4 4 4
```

b)
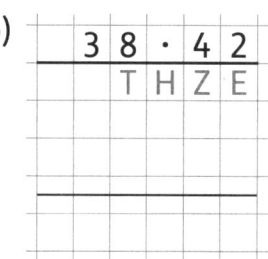

```
3 8 · 4 2
  T H Z E
```

c)
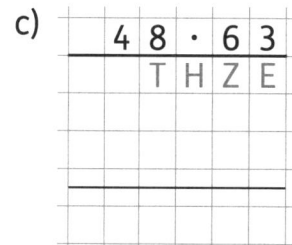

```
4 8 · 6 3
  T H Z E
```

d)
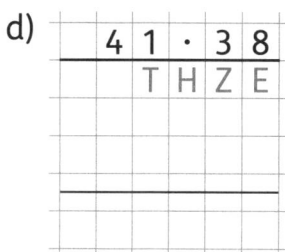

```
4 1 · 3 8
  T H Z E
```

e)
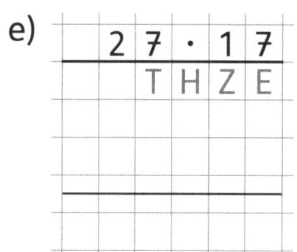

```
2 7 · 1 7
  T H Z E
```

f)
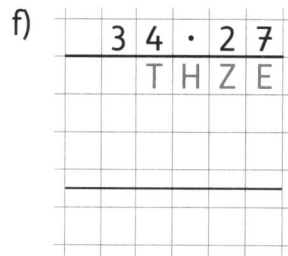

```
3 4 · 2 7
  T H Z E
```

g)
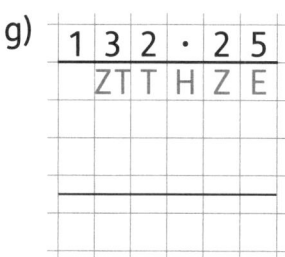

```
1 3 2 · 2 5
ZT T H Z E
```

h)
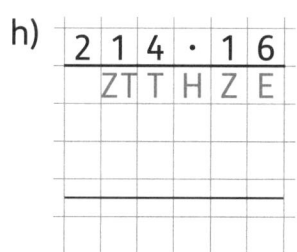

```
2 1 4 · 1 6
ZT T H Z E
```

i)
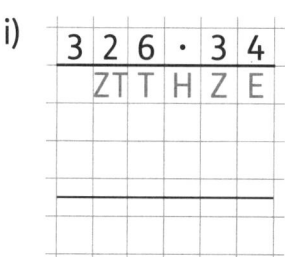

```
3 2 6 · 3 4
ZT T H Z E
```

2 Rechne schriftlich. Achte auf die Nullen.

a)
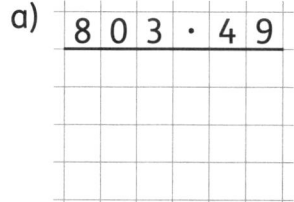

```
8 0 3 · 4 9
```

b)
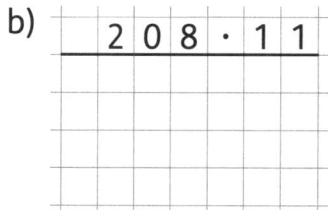

```
2 0 8 · 1 1
```

c)
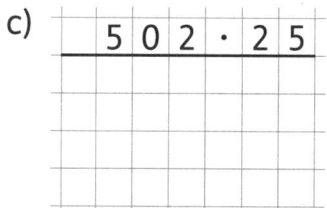

```
5 0 2 · 2 5
```

d)
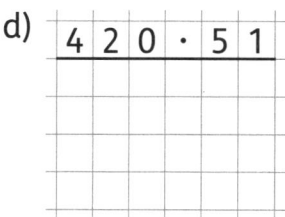

```
4 2 0 · 5 1
```

e)
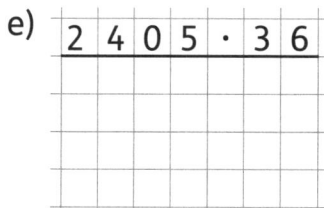

```
2 4 0 5 · 3 6
```

f)
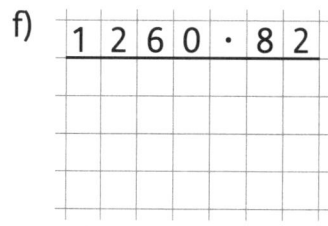

```
1 2 6 0 · 8 2
```

1, 2 Das Verfahren der schriftlichen Multiplikation einüben.　**2** Die Bedeutung von Nullen im ersten Faktor erkennen.

→ Schulbuch, Seiten 86/87

55

Gemischte Übungen

✳ 1 Lege mit den Ziffernkarten  1 2 3 4 5 6 7 8 9

eine dreistellige und eine einstellige Zahl.

Multipliziere schriftlich. Finde verschiedene Aufgaben.

4 1 3 · 2

✳ 2 Lege mit den Ziffernkarten  1 2 3 4 5 6

eine dreistellige und eine einstellige Zahl.

Multipliziere schriftlich. Finde verschiedene Aufgaben.

a) Das Produkt ist kleiner als 2 000.

5 1 3 · 2

b) Das Produkt ist größer als 2 000.

5 1 3 · 4

✳ 3 Lege mit den Ziffernkarten  1 2 3 4 5 6 zwei zweistellige Zahlen.

Multipliziere schriftlich. Finde verschiedene Aufgaben.

a) Das Produkt ist kleiner als 2 000.

2 1 · 4 3

b) Das Produkt ist größer als 2 000.

6 1 · 4 3

1–3 Das Verfahren der schriftlichen Multiplikation vertiefen. **2, 3** Aufgaben operativ mit Blick auf die Produkte verändern.
→ Schulbuch, Seiten 88/89

Gemischte Übungen

1 Rechne schriftlich und vergleiche.

a)
$$4\ 3 \cdot 8\ 2 \qquad 8\ 6 \cdot 4\ 1$$

b)
$$6\ 2 \cdot 2\ 3 \qquad 3\ 1 \cdot 4\ 6$$

c)
$$1\ 5\ 0 \cdot 3\ 2 \qquad 7\ 5 \cdot 6\ 4$$

d)
$$1\ 2\ 5 \cdot 2\ 8 \qquad 2\ 5\ 0 \cdot 1\ 4$$

e) Finde ebenso je eine Partneraufgabe.

$$2\ 4 \cdot 3\ 2 \qquad \underline{\hspace{3cm}}$$

$$1\ 2\ 0 \cdot 4\ 8 \qquad \underline{\hspace{3cm}}$$

2 Rechne die Aufgabe und ihre Tauschaufgabe. Was ist geschickt? Kreuze an.

a)
$$1\ 6\ 5 \cdot 7 \qquad 7 \cdot 1\ 6\ 5$$

b)
$$3 \cdot 8\ 0\ 8 \qquad 8\ 0\ 8 \cdot 3$$

c)
$$4\ 0\ 9 \cdot 5 \qquad 5 \cdot 4\ 0\ 9$$

d)
$$3 \cdot 1\ 0\ 9\ 5 \qquad 1\ 0\ 9\ 5 \cdot 3$$

---

1 Aufgaben vergleichen und die Konstanz des Produktes über das gegensinnige Halbieren und Verdoppeln vertiefen.
2 Anzahl der Notationsschritte bei kommutativen Aufgaben vergleichen.

→ Schulbuch, Seiten 88/89

57

Mit Geld schriftlich multiplizieren

○ **1** Wie viel kostet es?

a)

Anzahl	Artikel	Einzel-preis	Gesamt-preis
4	Zitronen	0,39 €	
6	Zitronen	0,39 €	
8	Zitronen	0,39 €	

b)

Anzahl	Artikel	Einzel-preis	Gesamt-preis
4	Kräuter	4,07 €	
6	Kräuter	4,07 €	
8	Kräuter	4,07 €	

a) 4 Zitronen

0,39 € · 4

○ **2** Die Kinder der Igelschule kaufen Obst.
Wie teuer ist der Einkauf?

Anzahl	Artikel	Einzel-preis	Gesamt-preis
3 kg	Birnen	4,51 €	
4 kg	Äpfel	_____ €	

1, 2 Das Verfahren der schriftlichen Multiplikation mit Geldwerten und Kommazahlen vertiefen.
→ Schulbuch, Seiten 90/91

Mit Geld schriftlich multiplizieren

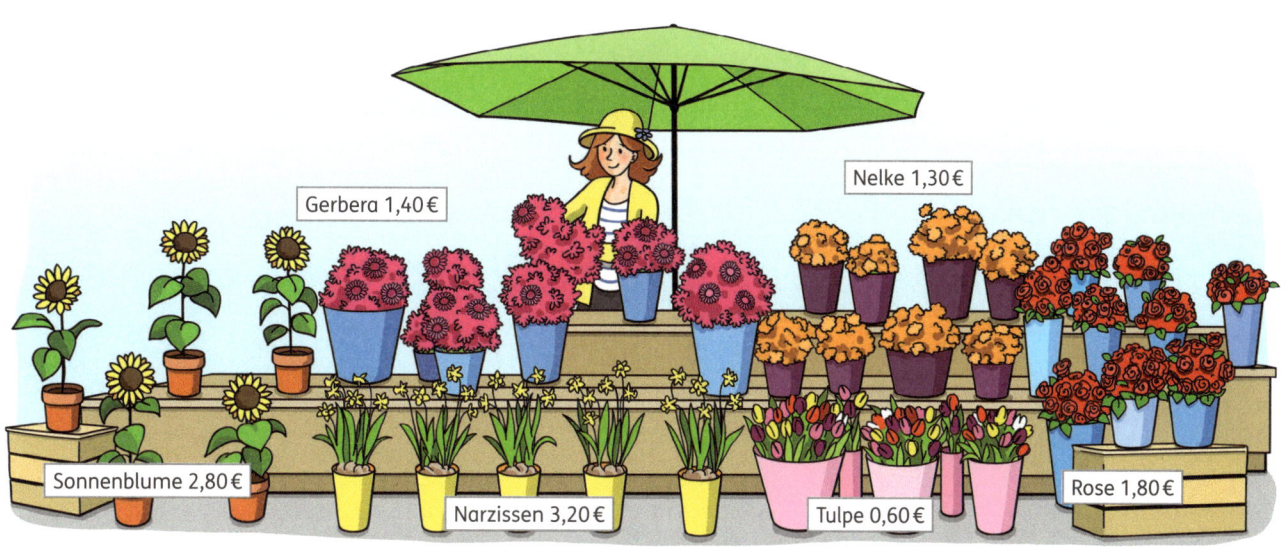

Gerbera 1,40 €

Nelke 1,30 €

Sonnenblume 2,80 €

Narzissen 3,20 €

Tulpe 0,60 €

Rose 1,80 €

1 An einem Stand des Wochenmarktes verkauft eine Gärtnerin Blumen.

a) Schreibe die Preislisten.

Narzissen		Sonnenblumen	
Anzahl	Preis	Anzahl	Preis
1	3,20 €	1	2,80 €
2	6,40 €	2	
3		3	
4		4	
5		5	

b) Mia kauft 4 Narzissen.
Wie viel Euro muss sie bezahlen?

_____

_____

c) Lena kauft 2 Sonnenblumen.
Wie viel Euro muss sie bezahlen?

_____

_____

d) Metin kauft 3 Narzissen und 3 Sonnenblumen.
Wie viel Euro muss er bezahlen?

_____

2 Finde ebenso Aufgaben zum Blumenstand und rechne.

a) Sophie kauft _____
Wie viel Euro muss Sophie bezahlen?

_____

b) Ben kauft _____
Wie viel Euro muss Ben bezahlen?

_____

1, 2 Das Verfahren der schriftlichen Multiplikation mit Geldwerten und Kommazahlen vertiefen. Sachaufgaben mit Komma-zahlen rechnen, Preistabelle erstellen und nutzen.

→ Schulbuch, Seiten 90/91

59

Forschen und Finden: Zahlenfolgen

1 Finde Zahlenfolgen. Setze fort und berechne die Zielzahl. Vergleiche.

a) + 1   49 — 50 — ☐ — ◯

     + 2   48 — ☐ — ☐ — ◯

     + 3   47 — ☐ — ☐ — ◯

     + 4   46 — ☐ — ☐ — ◯

     + _   ☐ — ☐ — ☐ — ◯

b) + 1   39 — 40 — ☐ — ◯

     + 2   38 — ☐ — ☐ — ◯

     + 3   37 — ☐ — ☐ — ◯

     + _   ☐ — ☐ — ☐ — ◯

     + _   ☐ — ☐ — ☐ — ◯

c) Was fällt dir auf?

2 Berechne die Zielzahlen.

a) 25 — 30 — 35 — ◯

b) 96 — 100 — 104 — ◯

c) 18 — 19 — 20 — 21 — 22 — ◯

d) 14 — 17 — 20 — 23 — 26 — ◯

e) Wie rechnest du? Erkläre.

3 Finde Zahlenfolgen.

a) ☐ — 20 — ☐ — ◯

     ☐ — ☐ — ◯

b) ☐ — ☐ — 20 — ☐ — ☐ — ◯

     ☐ — ☐ — ☐ — ◯

1, 2 Zusammenhänge zwischen mittlerer Zahl und Zielzahl erkunden und nutzen.   3 Zahlenfolgen selbstständig herstellen und berechnen.
→ Schulbuch, Seite 52

1 Rechne schriftlich.

a) 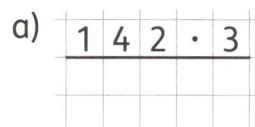 142 · 3

b) 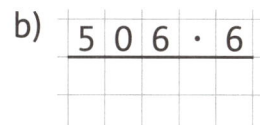 506 · 6

c) 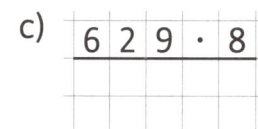 629 · 8

d) 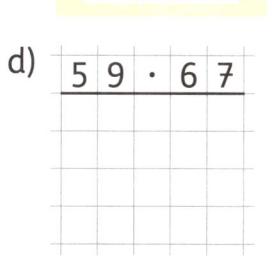 59 · 67

2 Rechne schriftlich und vergleiche.

a) 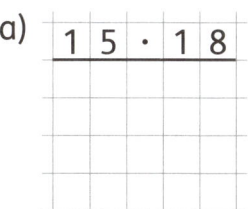 15 · 18   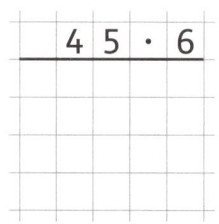 45 · 6

b) 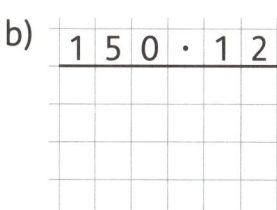 150 · 12   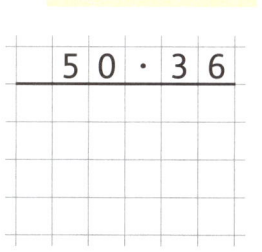 50 · 36

c) Was fällt dir auf?

_____

_____

_____

_____

d) Finde ebenso eine Partneraufgabe.

33 · 15   _____

3 Wieviel kostet es?

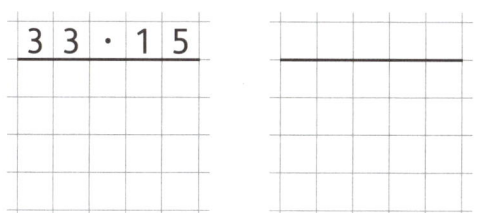

Anzahl	Artikel	Einzel-preis	Gesamt-preis
6	Eier	0,29 €	
3	Melonen	3,62 €	

4 Verkleinere die Form im Maßstab 1:2.

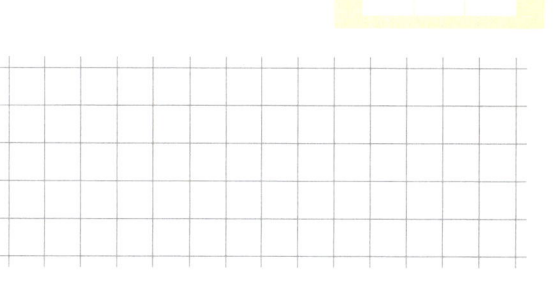

1 a) In vielen Lebensmitteln ist Fett enthalten.
Butter besteht fast nur aus Fett.
Die kleine Frühstückspackung Butter wiegt 10 g.
Wie viele kleine Butterpackungen
enthalten die Lebensmittel?

Chips
100 g enthalten:
Eiweiß   6 g
Kohlenhydrate   45 g
Fett   35 g

	Menge	Fettgehalt (auf Zehner gerundet)	Butter-stückchen
Bratwurst	250 g	80 g	8
Hähnchen	250 g	20 g	2
Mayonnaise	250 g	130 g	
Pommes frites	250 g	110 g	
Reis (poliert)	250 g	0 g	
Schokolade	250 g	80 g	
Chips	250 g	90 g	
Walnüsse	250 g	160 g	
Apfel	250 g	0 g	
Vollfettkäse	250 g	80 g	
Vanille-Eiskrem	250 g	30 g	

b) Zeichne ein Balkendiagramm. Ein Kästchen bedeutet 10 g Fett.

Bratwurst
Hähnchen
Mayonnaise
Pommes frites
Reis (poliert)
Schokolade
Chips
Walnüsse
Apfel
Vollfettkäse
Vanille-Eiskrem

1 Fettgehalt vergleichen und in einem Balkendiagramm darstellen.
→ Schulbuch, Seiten 94/95

Gewichte: Kilogramm und Tonne

1

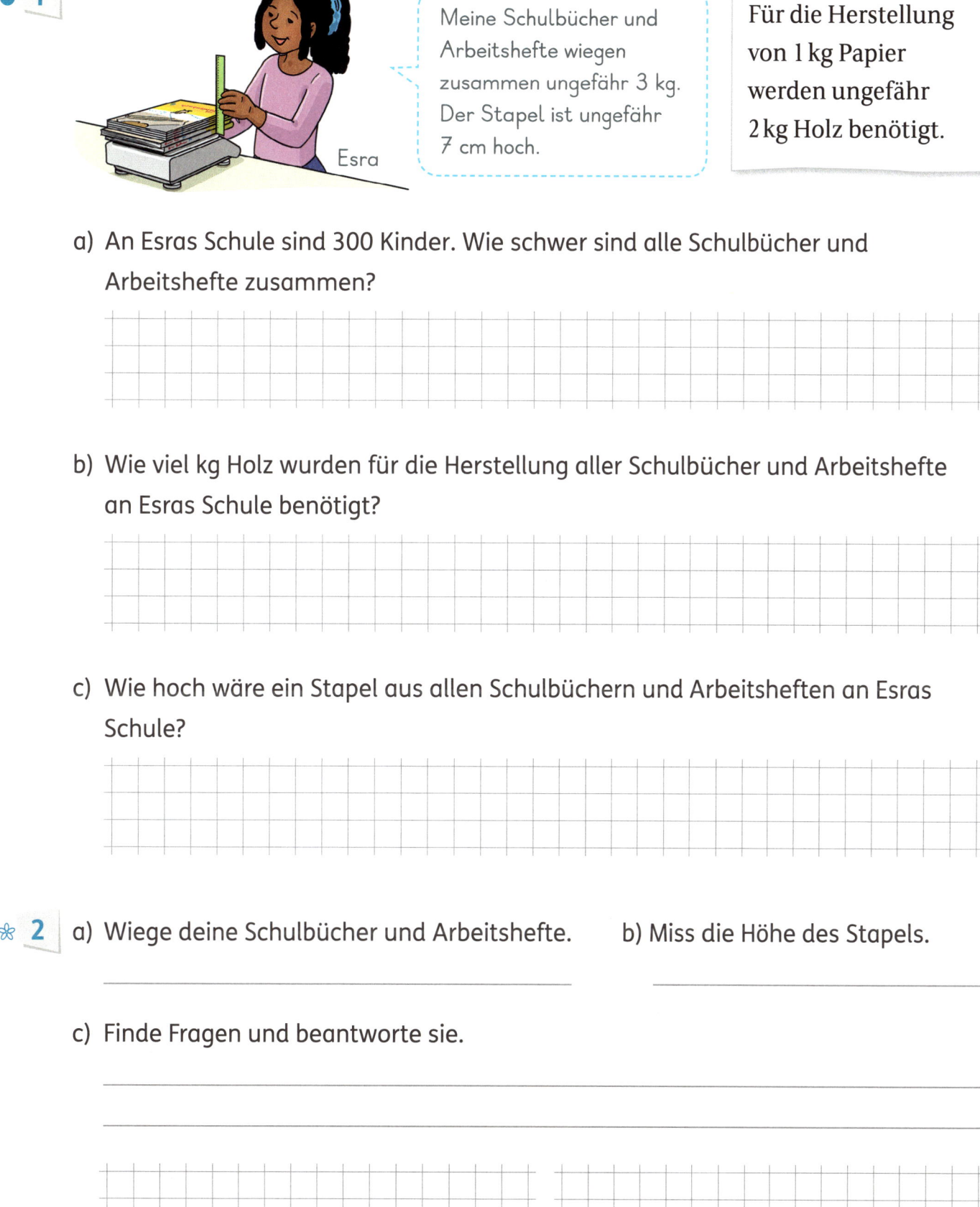

Meine Schulbücher und Arbeitshefte wiegen zusammen ungefähr 3 kg. Der Stapel ist ungefähr 7 cm hoch.

Esra

Für die Herstellung von 1 kg Papier werden ungefähr 2 kg Holz benötigt.

a) An Esras Schule sind 300 Kinder. Wie schwer sind alle Schulbücher und Arbeitshefte zusammen?

b) Wie viel kg Holz wurden für die Herstellung aller Schulbücher und Arbeitshefte an Esras Schule benötigt?

c) Wie hoch wäre ein Stapel aus allen Schulbüchern und Arbeitsheften an Esras Schule?

✳ 2 a) Wiege deine Schulbücher und Arbeitshefte.   b) Miss die Höhe des Stapels.

c) Finde Fragen und beantworte sie.

Gewichte: Kilogramm und Tonne

> Die Nutzlast gibt an, wie viel Gewicht das Verkehrsmittel
> an Ladung und Personen höchstens laden darf.

1

Linienbus
Nutzlast 6 200 kg

Nahverkehrszug
Nutzlast 67 t

Seilbahn
Nutzlast 1 950 kg

Wuppertaler Schwebebahn
Nutzlast 15 t 210 kg

a) Ordne nach der Nutzlast.

_____ < _____ < _____ < _____

b) Wie viele Personen dürfen in jedem Verkehrsmittel mitfahren,
   wenn für eine Person mit Gepäck 100 kg berechnet werden?

Linienbus:
6 200 kg : 100 kg = 62
62 Personen dürfen mitfahren.

2 Immer 1 t. Ergänze am Rechenstrich.

513 kg + _____

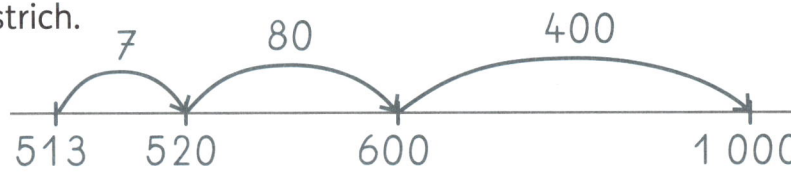

108 kg + _____ _____

68 kg + _____ _____

1, 2 Beziehungen zwischen Kilogramm und Tonne herstellen.
→ Schulbuch, Seiten 96/97

1 Wie viele Zentimeterwürfel (cm-Würfel) passen in den Quader?
Bestimme den Rauminhalt.

a)

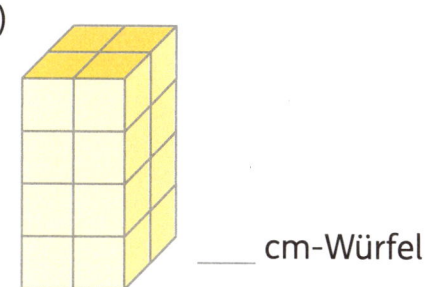 _____ cm-Würfel

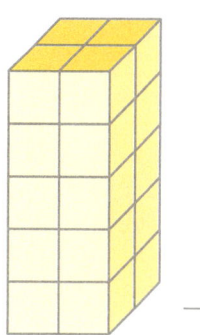 _____ cm-Würfel

b)

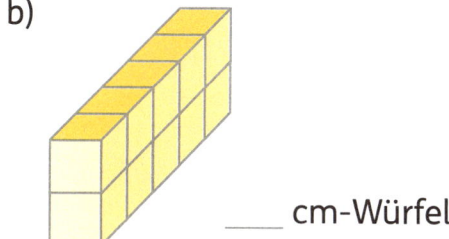 _____ cm-Würfel

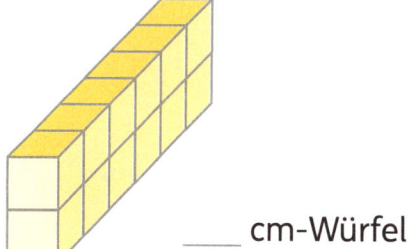 _____ cm-Würfel

c)

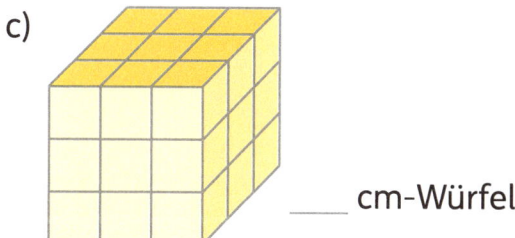 _____ cm-Würfel

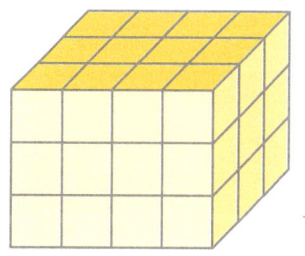 _____ cm-Würfel

2 Welche Quader haben den gleichen Rauminhalt? Verbinde.

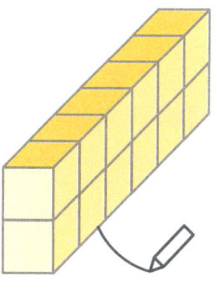

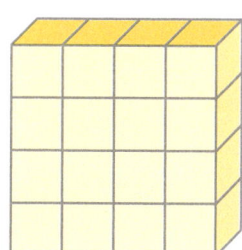

1 Welche Würfelzahl zeigt am Ende nach oben? Probiere mit einem Würfel.
Beschreibe mit dem Kipp-Plan.

a)

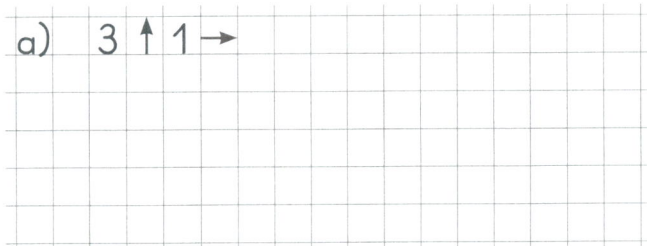

a) 3 ↑ 1 →

b)

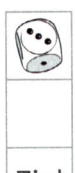

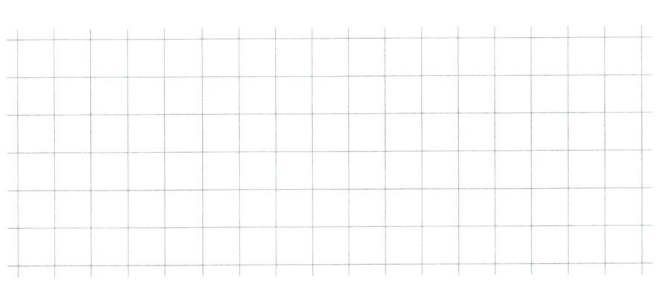

c)

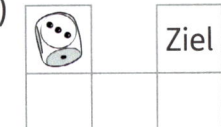

d)

2 Welche Würfelzahl zeigt am Ende nach oben? Probiere mit einem Würfel.

a) 6 → → → → __

5 → → → → __

4 → → → → __

b) 6 ↑ ↑ __

5 ↑ ↑ __

4 ↑ ↑ __

1 Würfel über das Feld kippen und Augenzahl bestimmen, die am Ende oben liegt. Lösung als Kipp-Plan (mit Pfeilen) notieren.
2 Kipp-Pläne nachvollziehen und feststellen, welche Augenzahl am Ende oben liegt.
→ Schulbuch, Seiten 102/103

Schriftliche Division

1 Rechne schriftlich. Schreibe stellengerecht.

a)
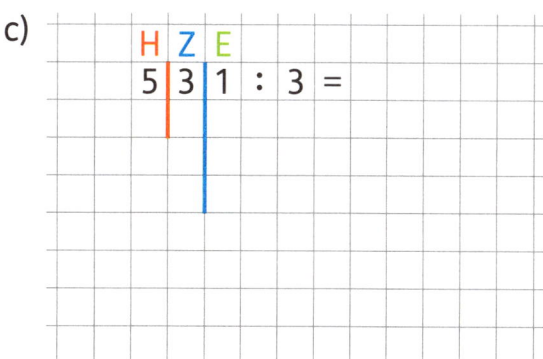

H	Z	E			
9	3	6	: 4 =	2	
− 8					
	1	3			

b)
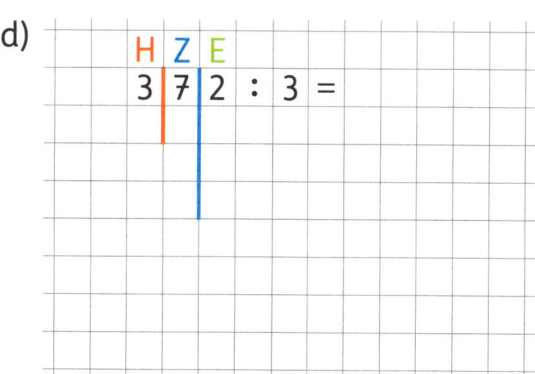

H	Z	E		
6	7	2	: 4 =	

c)
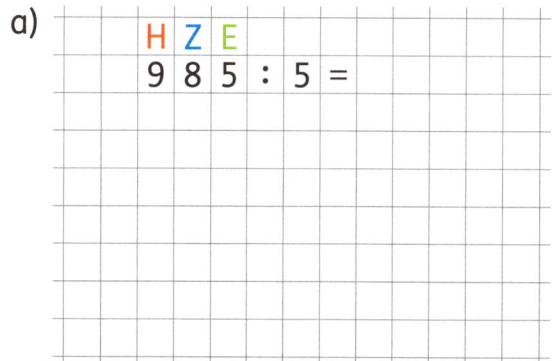

H	Z	E		
5	3	1	: 3 =	

d)
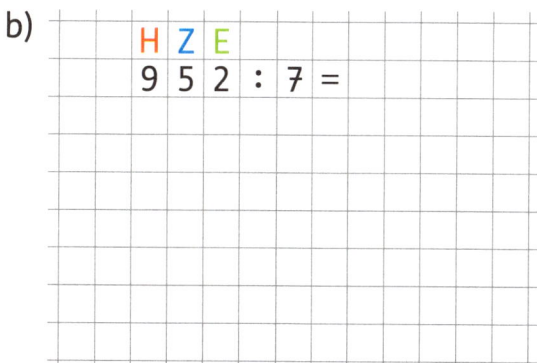

H	Z	E		
3	7	2	: 3 =	

2 Rechne schriftlich. Schreibe stellengerecht.

a)
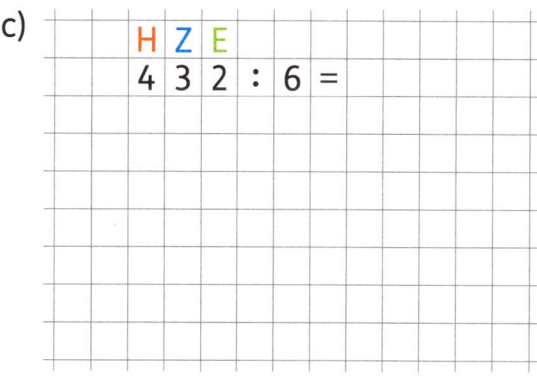

H	Z	E		
9	8	5	: 5 =	

b)
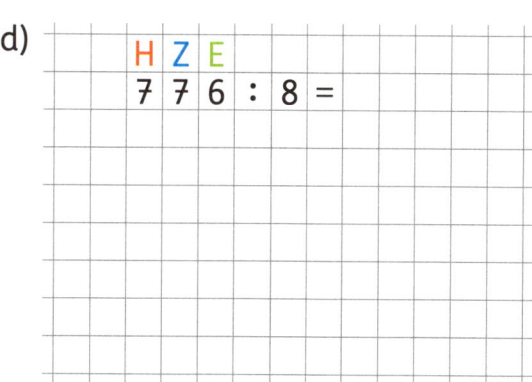

H	Z	E		
9	5	2	: 7 =	

c)

H	Z	E		
4	3	2	: 6 =	

d)

H	Z	E		
7	7	6	: 8 =	

1, 2 Das Verfahren der schriftlichen Division einüben.
→ Schulbuch, Seiten 104/105

Schriftliche Division

1 Rechne schriftlich. Schreibe stellengerecht.

a)
```
T H Z E
6│9│3 6 : 4 = 1
-4│
  2 9│
```

b)
```
T H Z E
8│5│3 2 : 6 = 1
-6│
  2 5│
```

c)
```
T H Z E
2 7 9 8 : 2 =
```

d)
```
T H Z E
3 1 8 6 : 3 =
```

2 Rechne schriftlich. Schreibe stellen gerecht.

a)
```
ZT T H Z E
3 2 4 2 5 : 5 = 6
-3 0
```

b)
```
ZT T H Z E
2 5 3 8 6 : 6 =
```

c)
```
ZT T H Z E
7 5 9 5 1 : 9 =
```

d)
```
ZT T H Z E
6 8 8 9 4 : 7 =
```

1, 2 Das Verfahren der schriftlichen Division vertiefen und auf größere Zahlen ausweiten.

Schulbuch, Seiten 104/105

Schriftlich dividieren

1 Rechne schriftlich. Überprüfe mit dem Überschlag (Ü).

a)
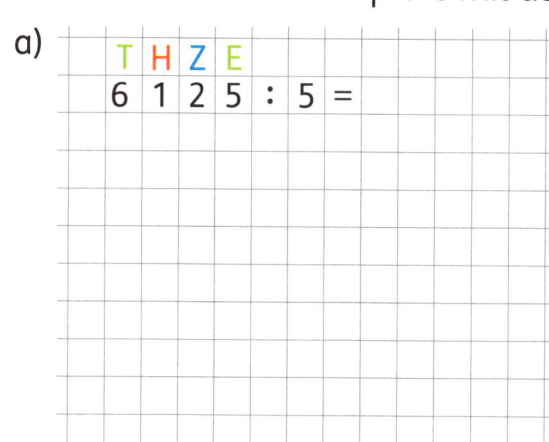

T H Z E
6 1 2 5 : 5 =

Ü: 6 0 0 0 : 5 =

b)
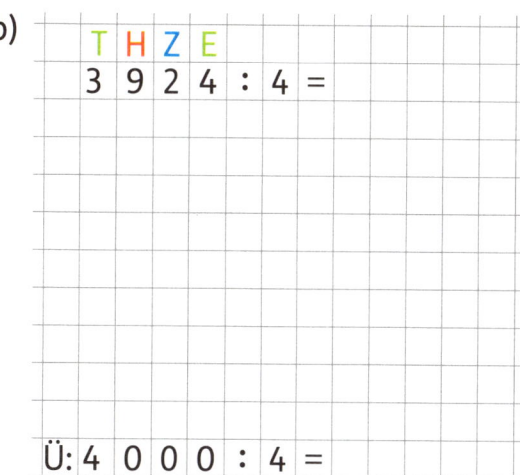

T H Z E
3 9 2 4 : 4 =

Ü: 4 0 0 0 : 4 =

c)
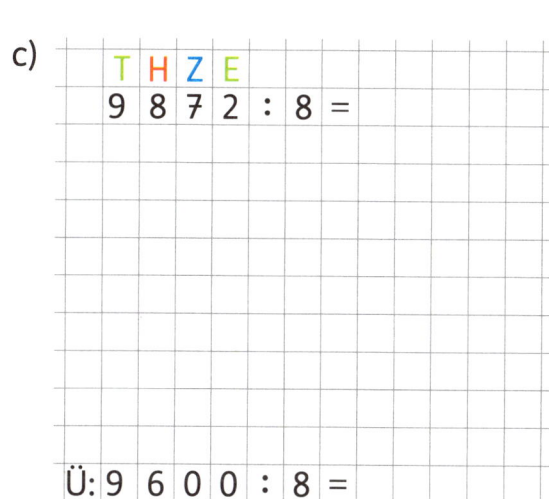

T H Z E
9 8 7 2 : 8 =

Ü: 9 6 0 0 : 8 =

d)
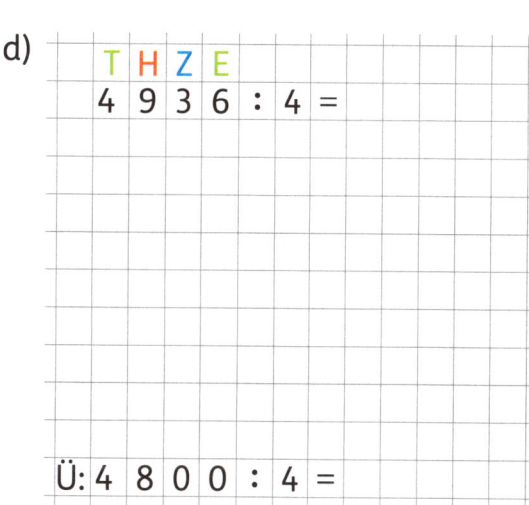

T H Z E
4 9 3 6 : 4 =

Ü: 4 8 0 0 : 4 =

2 Rechne schriftlich. Überprüfe mit dem Überschlag.

a)
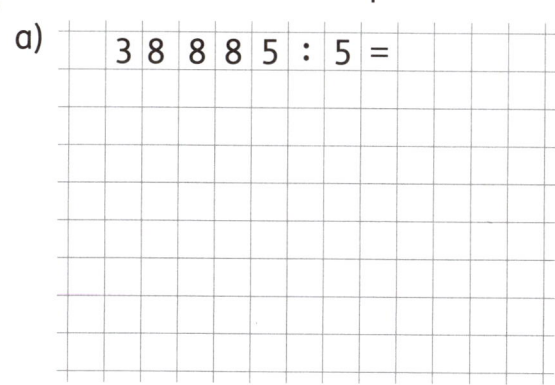

3 8 8 8 5 : 5 =

Ü: 40 000 : 5 =

b)
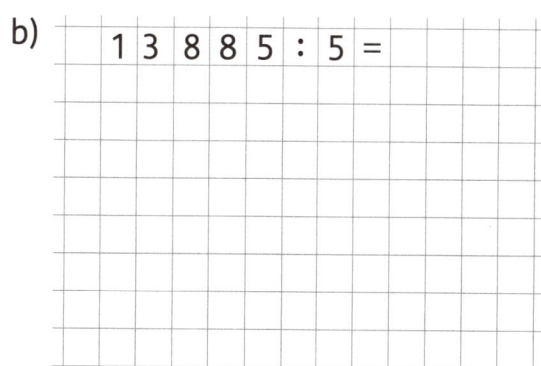

1 3 8 8 5 : 5 =

Ü: _____

1, 2 Das Verfahren der schriftlichen Division vertiefen. Überschlag berechnen und zur Kontrolle nutzen.
→ Schulbuch, Seiten 106/107

69

Gemischte Übungen

○ **1** Rechne schriftlich. Achte auf die Nullen und überprüfe mit der Probe (P).

a)
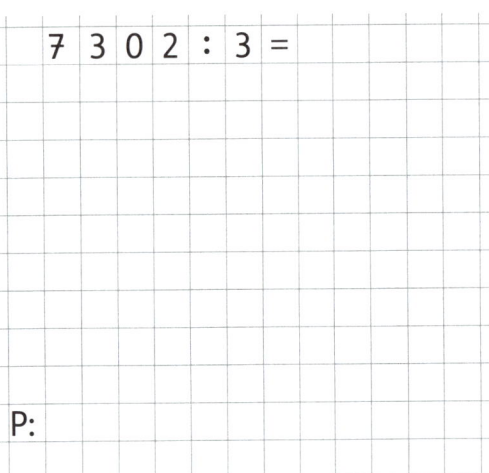
7 3 0 2 : 3 =

P:

b)
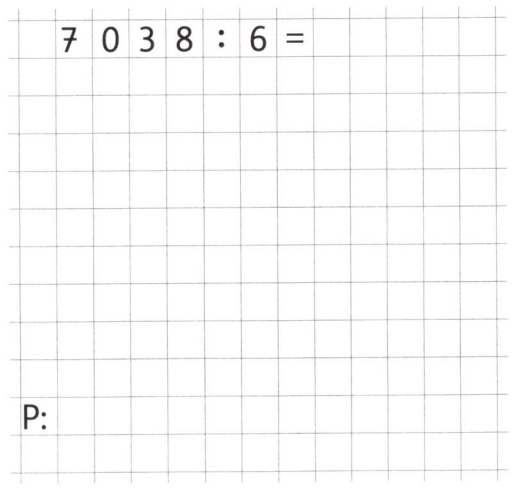
7 0 3 8 : 6 =

P:

c)
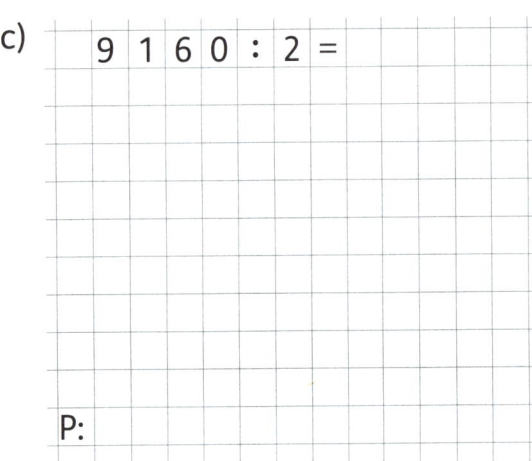
9 1 6 0 : 2 =

P:

d)
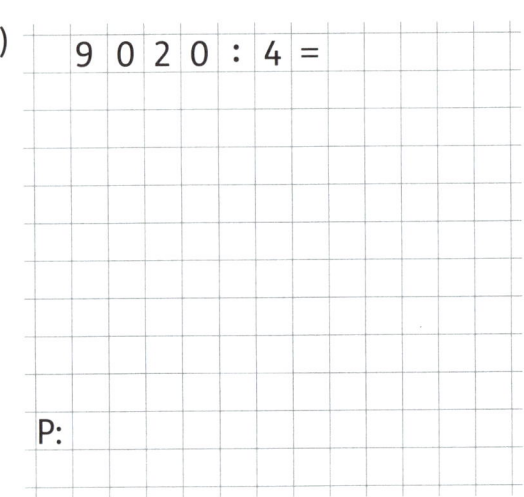
9 0 2 0 : 4 =

P:

○ **2** Divisionaufgaben mit Rest (R). Achte auf die Nullen und notiere den Rest.

a)
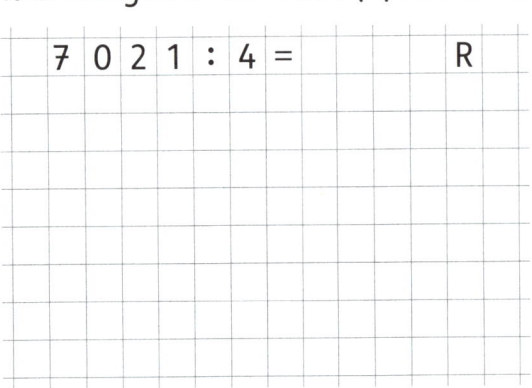
7 0 2 1 : 4 =   R

b)

7 0 2 1 : 5 =   R

1, 2 Das Verfahren der schriftlichen Division vertiefen. Die Rolle der Null mit beachten. **1** Die Probe zur Kontrolle des Ergebnisses nutzen. **2** Division mit Rest erkunden und Rest notieren.

→ Schulbuch, Seiten 108/109

Gleichungen und Ungleichungen

1 Vergleiche. < oder > oder =?

a) 3 · 30 ◯ 150
    4 · 30 ◯ 150
    5 · 30 ◯ 150
    6 · 30 ◯ 150
    7 · 30 ◯ 150

b) 3 · 400 ◯ 2 000
    4 · 400 ◯ 2 000
    5 · 400 ◯ 2 000
    6 · 400 ◯ 2 000
    7 · 400 ◯ 2 000

c) 30 · 10 ◯ 600
    40 · 10 ◯ 600
    50 · 10 ◯ 600
    60 · 10 ◯ 600
    70 · 10 ◯ 600

d) 300 : 5 ◯ 100
    400 : 5 ◯ 100
    500 : 5 ◯ 100
    600 : 5 ◯ 100
    700 : 5 ◯ 100

e) 1 000 : 10 ◯ 500
    2 000 : 10 ◯ 500
    3 000 : 10 ◯ 500
    4 000 : 10 ◯ 500
    5 000 : 10 ◯ 500

f) 3 000 : 6 ◯ 1 000
    3 000 : 5 ◯ 1 000
    3 000 : 4 ◯ 1 000
    3 000 : 3 ◯ 1 000
    3 000 : 2 ◯ 1 000

2 Welche Zahlen passen? Schreibe auf. | 0 | 1 | 2 | 3 | 4 | 5 | 6 | 7 | 8 | 9 |

a) ■ · 50 < 410
    0, 1, _____

b) ■ · 60 < 410
    _____

c) ■ · 70 < 410
    _____

d) ■ · 50 < 230

e) ■ · 60 < 230

f) ■ · 70 < 230

3 Rechne und vergleiche.

a) 20 · 15 = _____
    20 · 30 = _____
    10 · 30 = _____

b) 4 · 100 = _____
    4 · 200 = _____
    2 · 200 = _____

c) 10 · 1 000 = _____
    10 · 2 000 = _____
    5 · 2 000 = _____

4 Rechne und vergleiche.

a) 200 : 5 = _____
    400 : 5 = _____
    400 : 10 = _____

b) 300 : 3 = _____
    600 : 3 = _____
    600 : 6 = _____

c) 500 : 2 = _____
    1 000 : 2 = _____
    1 000 : 4 = _____

1 Aufgaben vergleichen und in Beziehung zueinander setzen. **2** Passende Zahlen finden. **3, 4** Beziehungen zwischen den Aufgaben erläutern.
→ Schulbuch, Seiten 110/111

71

1 Zahlenmauern. Rechne und vergleiche.

a)

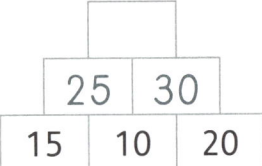

25	30
15	10	20

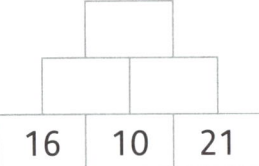

| 16 | 10 | 21 |

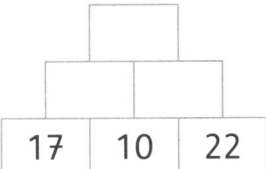

| 17 | 10 | 22 |

b)

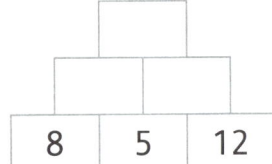

| 8 | 5 | 12 |

| 7 | 5 | 13 |

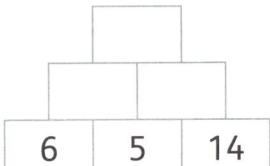

| 6 | 5 | 14 |

c)

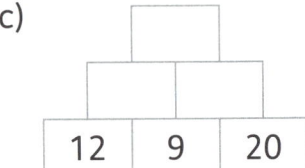

| 12 | 9 | 20 |

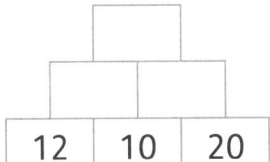

| 12 | 10 | 20 |

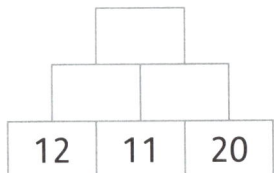

| 12 | 11 | 20 |

2 Finde Zahlenmauern zu einem Deckstein.

a)

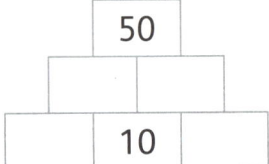

50 ... 10

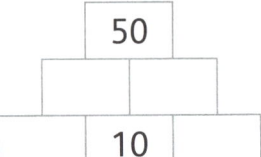

50 ... 10

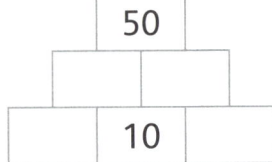

50 ... 10

b)

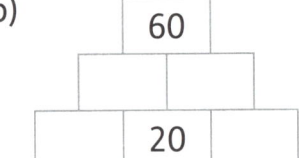

60 ... 20

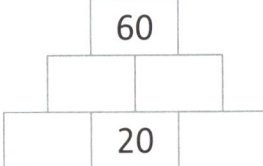

60 ... 20

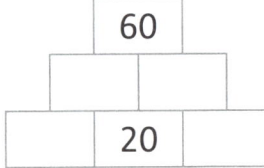

60 ... 20

c)

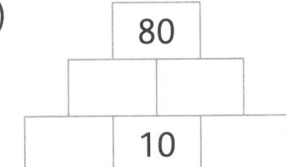

80 ... 10

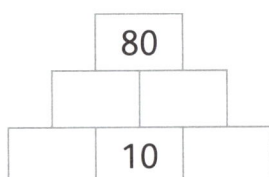

80 ... 10

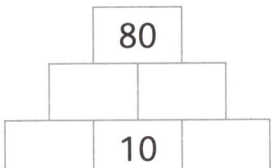

80 ... 10

1, 2 Zusammenhänge zwischen den mittleren Steinen bzw. dem mittleren Stein und dem Deckstein vertiefen.
→ Schulbuch, Seite 112

Rückblick

1 Rechne schriftlich. Überprüfe mit einem Überschlag (Ü).

a) 2 1 9 6 : 4 =

Ü:

b) 2 8 0 5 : 3 =

Ü:

2 Rechne schriftlich. Überprüfe mit der Probe (P).

a) 4 0 3 5 : 5 =

P:

b) 2 5 4 0 : 4 =

P:

3 Vergleiche. < oder > oder = ?

a) 3 · 40 ◯ 160
4 · 40 ◯ 160

b) 5 · 500 ◯ 3 000
10 · 500 ◯ 3 000

c) 5 000 : 10 ◯ 1 000
5 000 : 5 ◯ 1 000

4 Ordne die Gewichte. Schreibe in kg.

| 3 kg | 350 g | 3 t 200 kg | 35 200 g |

5 Wie viele Zentimeterwürfel (cm-Würfel) passen in den Quader?

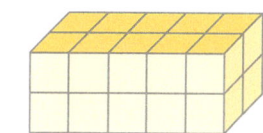

_____ cm-Würfel

Wesentliche Inhalte des Kapitels noch einmal reflektieren, die eigenen Kompetenzen einschätzen.

→ Schulbuch, Seite 113

1 Schreibe eine Preistabelle.

Anzahl	1	2	3	4	5	6	7	8	9	10
Übernachtung (E)	36€	72€								
Übernachtung (K)										
Reitstunden										

2 a) Frau Sommer bezahlt für die Reitstunden 144 Euro. Wie viele Reitstunden

hat sie gebucht? _____

b) Anton und sein Vater buchen eine Übernachtung auf dem Ponyhof. Wie viel Euro

müssen sie bezahlen? _____

c) Kim und ihre Mutter bezahlen für die Übernachtungen 320 Euro. Wie viele

Übernachtungen haben sie gebucht? _____

3 Vervollständige die Rechnungen.

Ponyhof Meier – Rechnung

Anreise: Do., 3.8.   Abreise: So., 6.8.

3 Übernachtungen (E)   108 €

3 Übernachtungen (K)   _____

9 Reitstunden   _____

Zu zahlender Betrag   _____

Ponyhof Meier – Rechnung

Anreise: Fr., 2.9.   Abreise: Di., 6.9.

8 Übernachtungen (E)   _____

4 Übernachtungen (K)   _____

6 Reitstunden   _____

Zu zahlender Betrag   _____

1–3 Preise berechnen. Preistabellen ausfüllen.

Schulbuch, Seiten 114/115

Daten vergleichen

1 Zeichne ein Säulendigramm für die durchschnittliche Körpergröße von Mädchen und Jungen. Zeichne für 1 cm Körpergröße 1 mm im Säulendigramm, Maßstab 1:10. Zeichne die Säulen für die Mädchen rot, für die Jungen blau.

Alter in Jahren	Geburt	2	4	6	8	10	12
Körpergröße Mädchen in cm	51	88	103	117	130	142	154
Körpergröße Jungen in cm	52	89	105	118	131	141	152

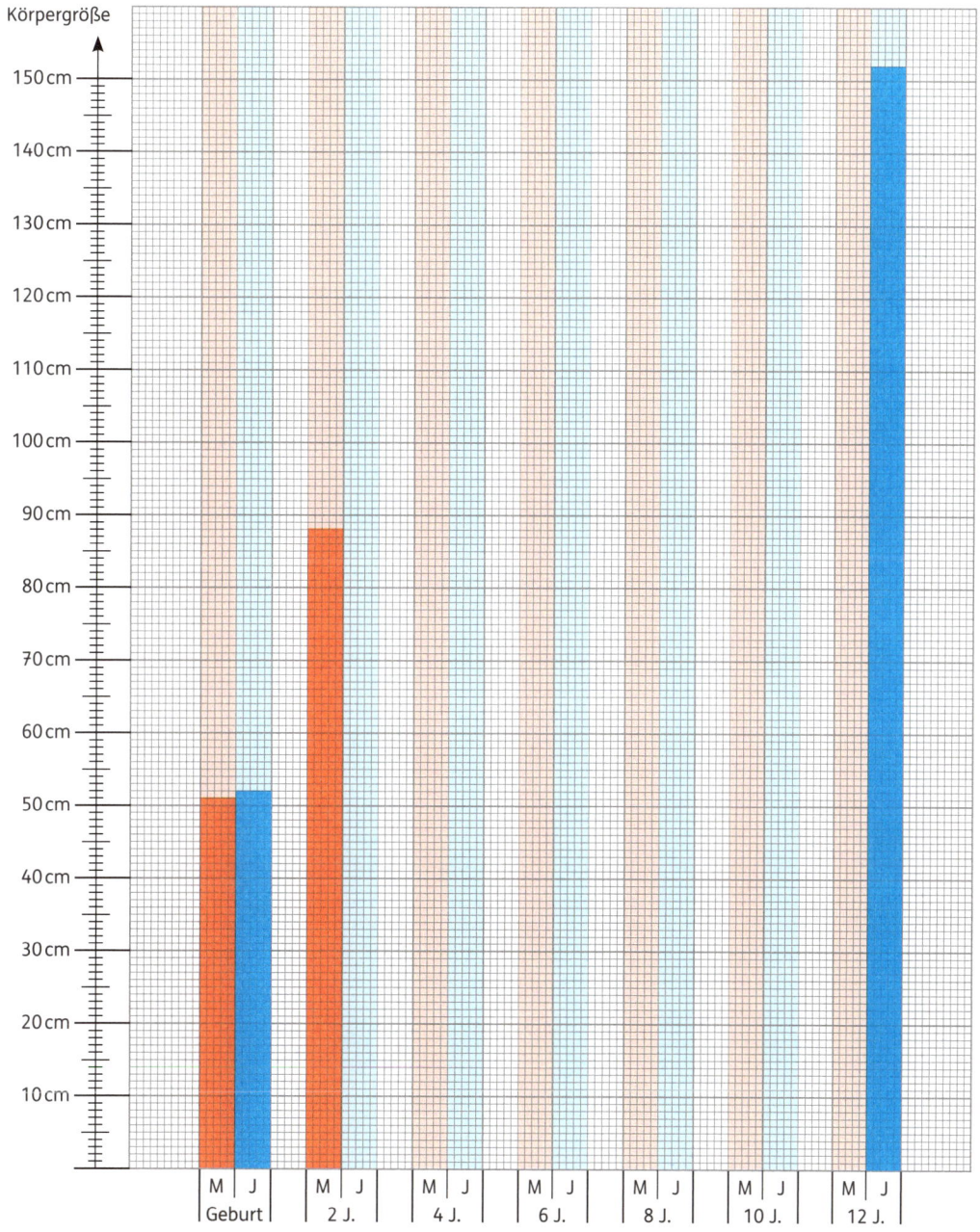

2 Vergleiche die Körpergrößen von Mädchen und Jungen. Was fällt dir auf?

Viele Störche fliegen nicht bis nach Afrika, sondern überwintern in Spanien. Dort ist es warm genug und sie finden auf den Mülldeponien ausreichend Futter.

Ronja	
1. Tag	132 km
2. Tag	1 km
3. Tag	237 km
4. Tag	108 km
5. Tag	180 km
6. Tag	3 km
7. Tag	89 km
8. Tag	86 km
9. Tag	112 km
10. Tag	104 km
11. Tag	182 km
12. Tag	211 km
13. Tag	1 km
14. Tag	141 km
15. Tag	33 km
16. Tag	59 km
17. Tag	12 km
18. Tag	137 km
19. Tag	112 km
20. Tag	4 km

1 a) An welchen Tagen hat Ronja die kürzeste Strecke zurückgelegt?

_____

b) An welchem Tag hat Ronja die weiteste Strecke zurückgelegt?

_____

c) An wie vielen Tagen ist Ronja weniger als 10 km weit geflogen?

_____

d) An wie vielen Tagen ist Ronja mehr als 150 km weit geflogen?

_____

2 Rechne mit einem Überschlag. Wie viele Kilometer hat Ronja zurückgelegt ...

a) ... vom 1. bis zum 5. Tag?

$130 + 0 + 240 + 110 + 180 =$ _____

b) ... vom 6. bis zum 10. Tag?

_____

c) ... vom 11. bis zum 15. Tag?

_____

d) ... vom 16. Bis zum 20. Tag?

_____

e) ... insgesamt? Nutze dazu die Ergebnisse von a)–d).

_____

1, 2 Zurückgelegte Strecken bestimmen und mit einem Überschlag berechnen.
→ Schulbuch, Seiten 118/119

Wasserverbrauch

1 Wie viel Wasser passt in die Pools?

a)

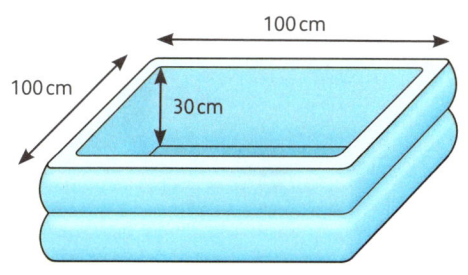

> 1 l Wasser passt in einen Literwürfel. Wie viele Würfel passen insgesamt in den Pool?

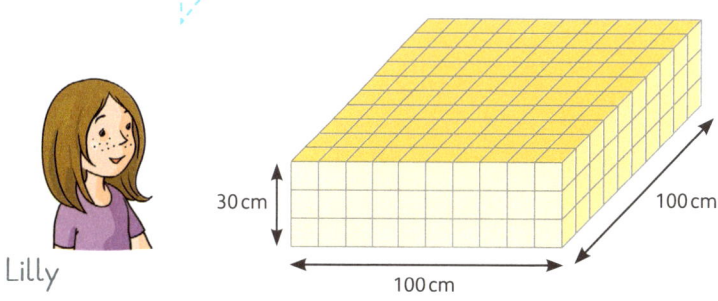

Lilly

b)

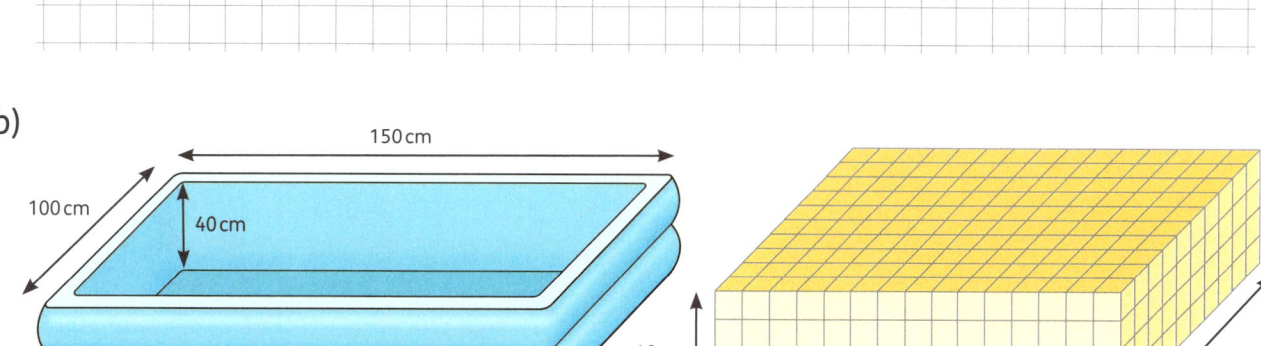

2 Die neue Waschmaschine von Familie Helzer verbraucht 50 l Wasser pro Waschgang. Sie wird 4-mal pro Woche benutzt.

a) Wie viel Liter Wasser verbraucht die Waschmaschine pro Woche?

b) 10 Liter Wasser kosten 5 ct. Wie viel Euro kostet ein Waschgang?

1 Wassermenge bestimmen. Wasserverbrauch der Pools thematisieren.   **2** Sachaufgaben lösen.

→ Schulbuch, Seiten 124/125

77

1 In einem Stall werden Pferde und Fliegen gezählt.
Wie viele Pferde und wie viele Fliegen sind es?

a) Es sind 5 Tiere. Zusammen haben sie 24 Beine.
Vervollständige die Skizze.

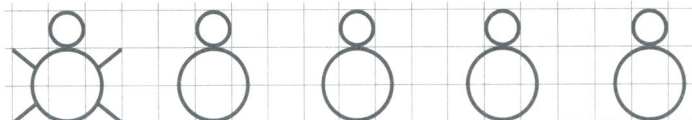

b) Es sind 6 Tiere. Zusammen haben sie 30 Beine.

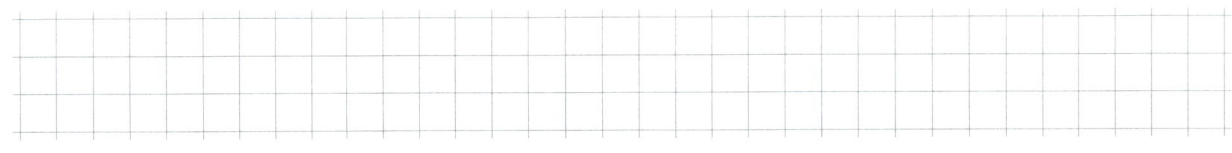

c) Es sind 7 Tiere. Zusammen haben sie 32 Beine.

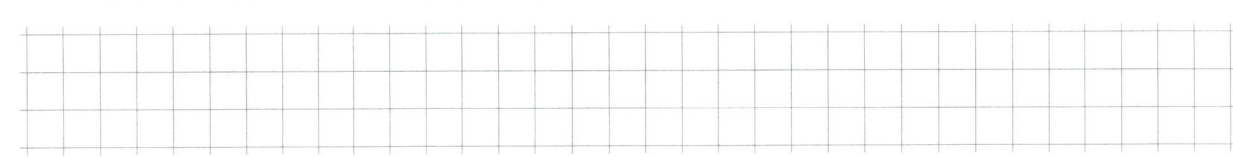

2 Wie viele Ziegen und wie viele Hühner sind es?

a) Es sind 4 Tiere. Zusammen haben sie 12 Beine.

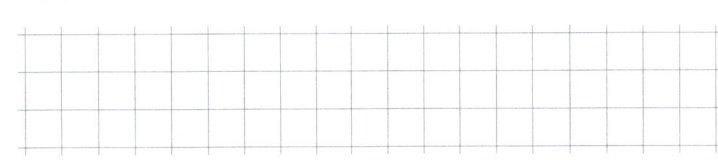

b) Es sind 5 Tiere. Zusammen haben sie 18 Beine.

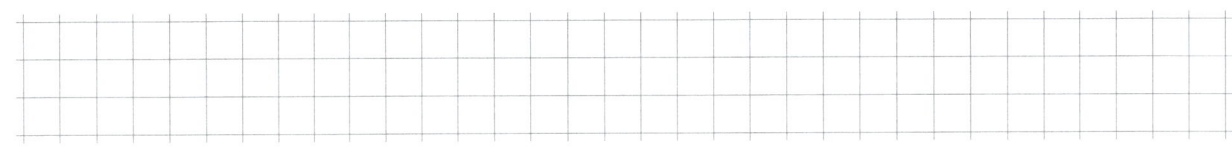

c) Es sind 7 Tiere. Zusammen haben sie 22 Beine.

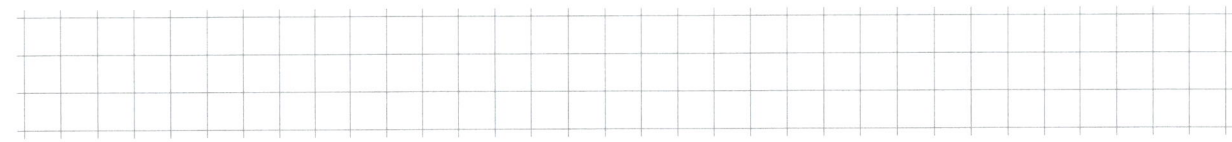

1, 2 Sachaufgaben mithilfe von Skizzen oder auf eigenen Wegen lösen.
→ Schulbuch, Seiten 126/127

Tabellen und Skizzen

1 a) Auf einer Weide sind 12 Tiere. Es sind Kühe und Schafe.
    Es sind doppelt so viele Kühe wie Schafe.
    Wie viele Kühe und wie viele Schafe sind es?

b) Auf einer Weide sind 15 Tiere. Es sind Pferde und Kühe.
    Es sind doppelt so viele Pferde wie Kühe.
    Wie viele Pferde und wie viele Kühe sind es?

2 Wie viele Karotten sind anschließend noch im Sack?

a) Im Pferdestall steht ein Sack mit 24 Karotten.
    Am ersten Tag frisst das Pferd die Hälfte der Karotten,
    am zweiten Tag frisst es die Hälfte der restlichen Karotten,
    am dritten Tag frisst es wieder die Hälfte der restlichen Karotten.

b) Im Pferdestall steht ein Sack mit 30 Karotten.
    Am ersten Tag frisst das Pferd vier Karotten,
    am zweiten Tag frisst es sechs Karotten,
    am dritten Tag frisst es die Hälfte der restlichen Karotten.

---

1 Aufgaben auf eigenen Wegen lösen. Lösungswege vergleichen. 2 Aufgaben mithilfe von Rechenketten lösen.
→ Schulbuch, Seiten 126/127

Teilbarkeitsregeln

1 Welche Zahlen sind teilbar durch 2, durch 5 oder durch 10?

a) Ordne.

| 140 | 142 | 145 | 200 | 2 000 | 2 002 | 2 005 |

teilbar durch 2   teilbar durch 5   teilbar durch 10

$140 : 2 = 70$ $140 : 10 =$

b) Finde 5 Zahlen zwischen 500 und 1 000.

teilbar durch 2   teilbar durch 5   teilbar durch 10

2 Welche Zahlen sind teilbar durch 9?

> Die Quersumme einer Zahl erhältst du, indem du die einzelnen Ziffern addierst.

a) Überprüfe mit der Quersumme.

| 315 | 364 | 387 | 432 | 462 | 576 | 663 |

$3+1+5=9$

teilbar durch 9

$315 : 9 = 35$
$\underline{27}$
45
$\underline{45}$
0

b) Finde 5 Zahlen zwischen 500 und 1 000, die teilbar sind durch 9.

1 Endstellenregeln anwenden und vertiefen. 2 Quersummenregel der 9 anwenden und vertiefen.
→ Schulbuch, Seiten 128/129

Brüche

○ 1 Kinder teilen sich eine Pizza.

Wie groß ist der Anteil für ein Kind? Zeichne ein. Schreibe in Bruchzahlen.

a)

b)

c)

$\dfrac{1}{2}$

_____ _____

○ 2 Anteile eines ganzen Kreises. Zeichne ein. Schreibe in Bruchzahlen.

a) $\dfrac{1}{4}$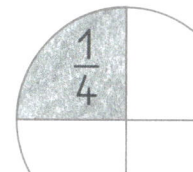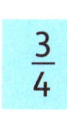

b) $\dfrac{3}{4}$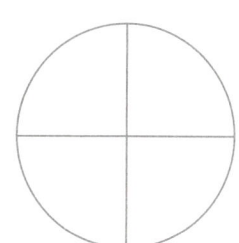

c) $\dfrac{1}{3}$

d) $\dfrac{1}{2}$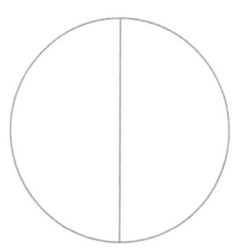

e) $\dfrac{3}{8}$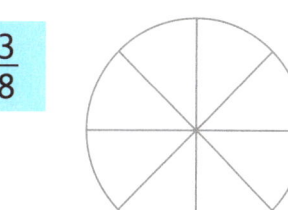

f) $\dfrac{2}{3}$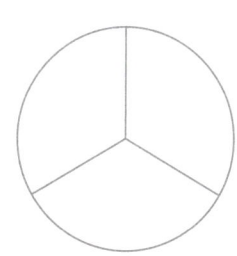

○ 3 Anteile eines ganzen Rechtecks. Zeichne den Anteil ein. Vergleiche.

a) $\dfrac{1}{2}$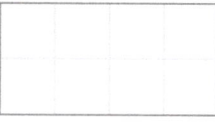

$\dfrac{1}{4}$

$\dfrac{1}{8}$

b) $\dfrac{1}{2}$ $\dfrac{1}{4}$ $\dfrac{1}{8}$

Rechenregeln

1 Beachte die Rechenregeln.

Zuerst die Klammern ausrechnen. Dann Punktrechnung vor Strichrechnung.

Eric

a) $7 \cdot (3 + 7) =$ _____
$7 \cdot 3 + 7 =$ _____

b) $5 \cdot (4 + 3) =$ _____
$5 \cdot 4 + 3 =$ _____

c) $6 \cdot (8 - 3) =$ _____
$6 \cdot 8 - 3 =$ _____

d) $10 \cdot (47 - 7) =$ _____
$10 \cdot 47 - 7 =$ _____

e) $(6 + 4) \cdot 8 =$ _____
$6 + 4 \cdot 8 =$ _____

f) $(23 + 7) \cdot 3 =$ _____
$23 + 7 \cdot 3 =$ _____

g) Wähle ebenso zwei Aufgaben mit drei Zahlen.

2 Rechne und vergleiche.

a) $240 : (10 + 14) =$ _____
$240 : 10 + 14 =$ _____

b) $3\,500 : (7 + 3) =$ _____
$3\,500 : 7 + 3 =$ _____

c) $5\,600 : (10 - 2) =$ _____
$5\,600 : 10 - 2 =$ _____

d) $(16 + 24) : 8 =$ _____
$16 + 24 : 8 =$ _____

e) $(54 + 18) : 9 =$ _____
$54 + 18 : 9 =$ _____

f) $(250 + 100) : 50 =$ _____
$250 + 100 : 50 =$ _____

3 Rechne und vergleiche.

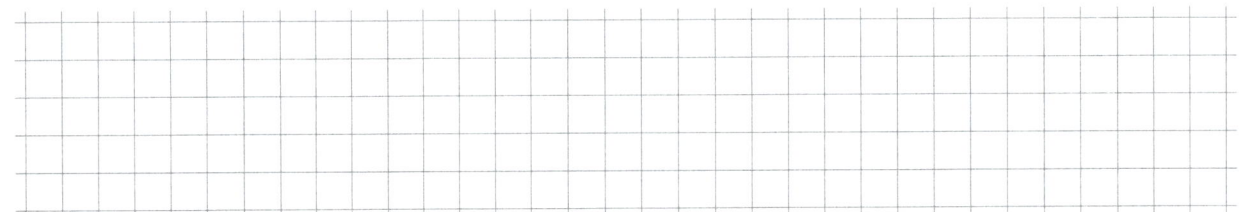

a) $640 : 2 =$ _____
$640 : 4 =$ _____

b) $176 : 2 =$ _____
$176 : 4 =$ _____

c) $248 : 2 =$ _____
$248 : 4 =$ _____

d) Was fällt dir auf? Finde ebenso ein Aufgabenpaar.

1 Rechenregeln anwenden.   **2, 3** Aufgaben vergleichen. Beziehungen zwischen den Aufgaben beschreiben und erklären.
→ Schulbuch, Seiten 132/133

Schriftliche Subtraktion: Entbündeln

1 Schreibe die Zahlen stellengerecht untereinander.
Achte auf das Entbündeln.

a)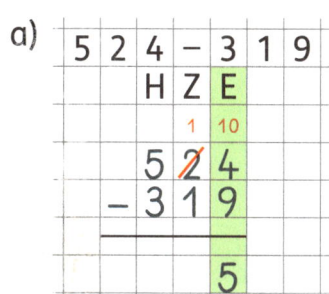

> Ich nehme von den 2 Zehnern einen Zehner und entbündele ihn zu 10 Einern.
> 14E – 9E = 5E.
> Ich ersetze bei den Zehnern die 2 durch 1.

Anna

b)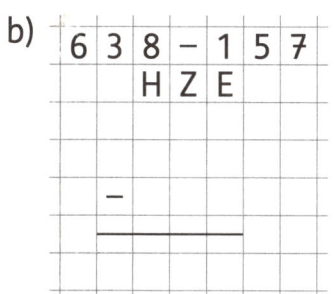

c)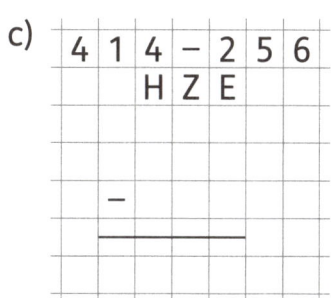

d)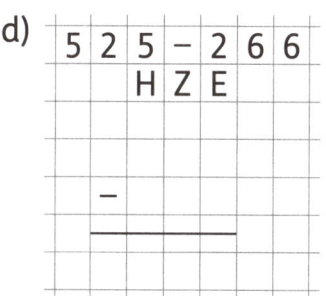

e)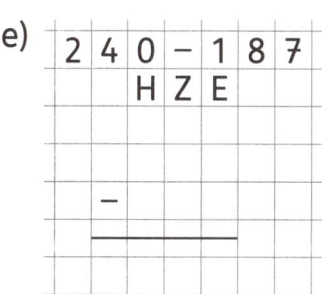

f)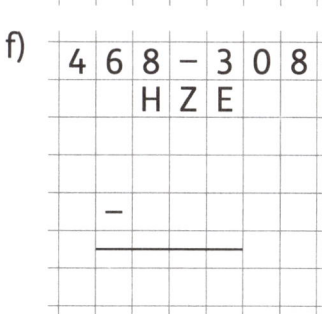

g)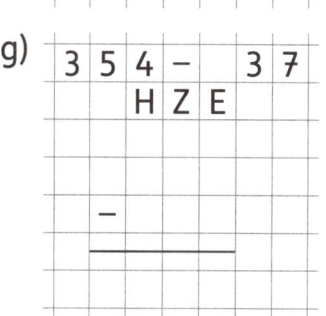

h)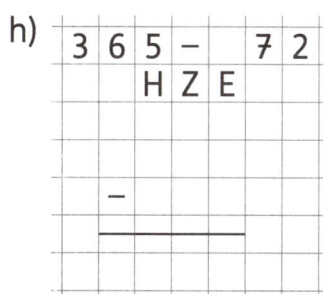

i)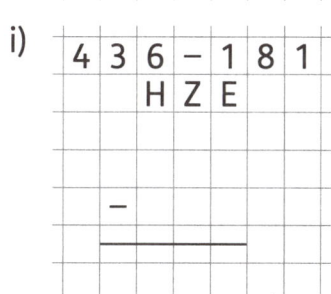

j)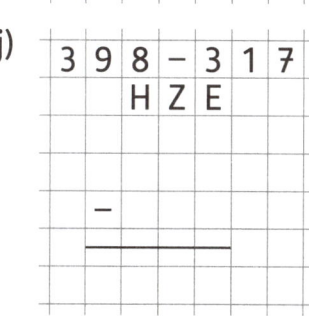

2 Welche Aufgabe rechnest du schriftlich (S) oder im Kopf (K)? Kreuze an und rechne.

a) 680 – 350   ☐ S ☐ K

b) 303 – 99   ☐ S ☐ K

c) 953 – 134   ☐ S ☐ K

d) 811 – 401   ☐ S ☐ K

---

1 Das Verfahren der schriftlichen Subtraktion ‚Entbündeln mit Wegnehmen' wiederholen und vertiefen: bewusstes Mitsprechen und korrekte, stellengerechte Notation fokussieren, eigenständig auf das Entbündeln achten und korrekt notieren, ggf. farbig markieren. **2** Aufgaben dahingehend unterscheiden, ob sie schriftlich oder halbschriftlich gerechnet werden.

→ Schulbuch, Seiten 142/143

Grundvorstellungen im Zahlenraum

1 a) Zähle in Hunderterschritten weiter. Beschrifte die Zahlenreihe.

400   500 _____ _____ _____ _____ _____ _____ _____

b) Ordne die Zahlen ein: 496, 555, 725, 989, 1 002.

c) Zähle in Hunderttausenderschritten weiter. Beschrifte die Zahlenreihe.

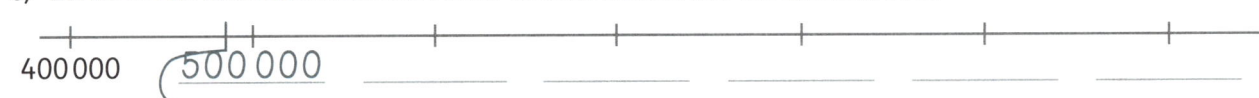

400 000   500 000 _____ _____ _____ _____ _____ _____

d) Ordne die Zahlen ein: 496 000, 500 055, 725 000, 900 089, 1 002 000.

2 a) Immer 100.   Immer 100 000.   b) Immer 1 000.   Immer 1 000 000.

25 + _____   25 000 + _____   925 + _____   925 000 + _____

35 + _____   35 000 + _____   850 + _____   850 000 + _____

50 + _____   50 000 + _____   720 + _____   720 000 + _____

75 + _____   75 000 + _____   610 + _____   610 000 + _____

3 Rechne mit Tausendern wie mit Einern.

a)   158   158 000   b)   537   537 000   c)   804   804 000   d)   950   950 000
    + 88   + 88 000   + 252   + 252 000   − 348   − 348 000   − 296   − 296 000
    ─────   ─────────   ─────   ─────────   ─────   ─────────   ─────   ─────────

4 Auf und ab in der Million.

Start   Ziel
1 000 ·2→ _____ ·5→ _____ ·2→ _____ ·5→ _____ ·2→ _____

Start   Ziel
1 000 ·5→ _____ ·2→ _____ ·5→ _____ ·2→ _____ ·5→ _____

Start   Ziel
1 000 000 :5→ _____ :5→ _____ :5→ _____ :5→ _____ :5→ _____

Start   Ziel
1 000 000 :2→ _____ :2→ _____ :2→ _____ :2→ _____ :2→ _____

5

Zahl	60 000	120 000	250 000	400 000	500 000
Zahl · 2					
Zahl : 2					

Grundwissen am Ende des 4. Schuljahres.
Die Aufgaben sollten selbstständig gelöst werden (Lernstandskontrolle).

7

100 : 5 = _____	1 000 000 : 4 = _____	100 : 8 = 12 R 4
1000 : 5 = _____	100 000 : 4 = _____	1000 : 8 = _____
10 000 : 5 = _____	10 000 : 4 = _____	10 000 : 8 = _____
100 000 : 5 = _____	1000 : 4 = _____	100 000 : 8 = _____
1 000 000 : 5 = _____	100 : 4 = _____	1 000 000 : 8 = _____

8

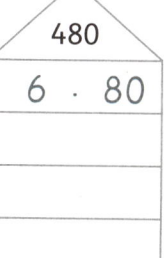

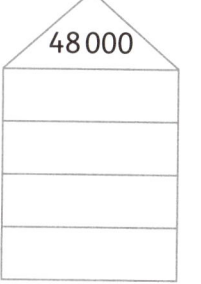

| 70 | 80 | 90 |

| 7007 | 8008 | 9009 |

9

480 | 4800 | 48 000

6 · 80

10

40 000 · 6 = _____

4000 · 6 = _____

400 · 6 = _____   4000 · 60 = _____

40 · 6 = _____   400 · 60 = _____

4 · 6 = _____   40 · 60 = _____   400 · 600 = _____

4 · 60 = _____   40 · 600 = _____

4 · 600 = _____   40 · 6000 = _____

4 · 6000 = _____

4 · 60 000 = _____

11

1 000 000 | 1000 | 100

20 · 50 000

Grundwissen am Ende des 4. Schuljahres.
Die Aufgaben sollten selbstständig gelöst werden (Lernstandskontrolle).

85

Grundrechenarten

Rechne und vergleiche. Was fällt dir auf?

1

462	958	1375	2950	2446	3618	3279
+ 539	+ 1044	+ 1628	+ 1054	+ 2559	+ 2388	+ 3728

2

7539	13094	18649	24204	29759	36241	49728
+ 4782	+ 10338	+ 15894	+ 21450	+ 27006	+ 31635	+ 29259

3

1156	1621	2381	35210	2103	1279	3301
− 823	− 1177	− 1826	− 34544	− 1326	− 391	− 2302

4

86868	74747	95959	54545	61616	82828	92929
− 68686	− 47474	− 59595	− 45454	− 16161	− 28282	− 29292

5

 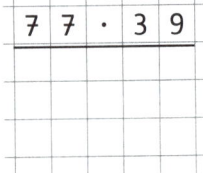  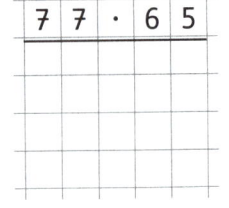 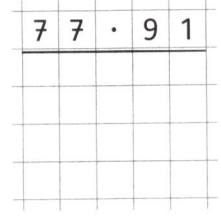

77 · 13   77 · 39   77 · 52   77 · 65   77 · 91

6

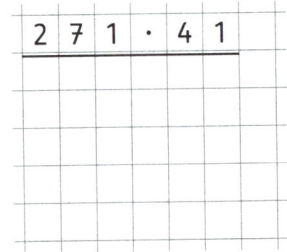 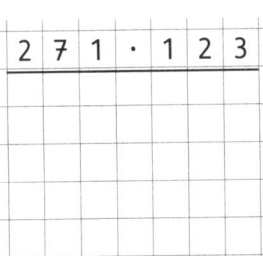 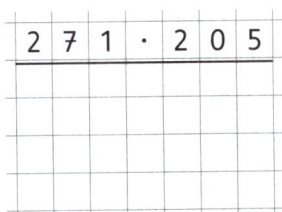 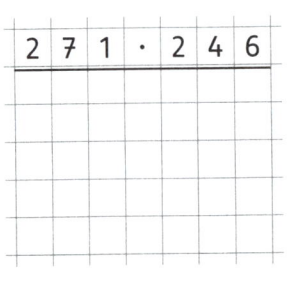

271 · 41   271 · 123   271 · 205   271 · 246

7

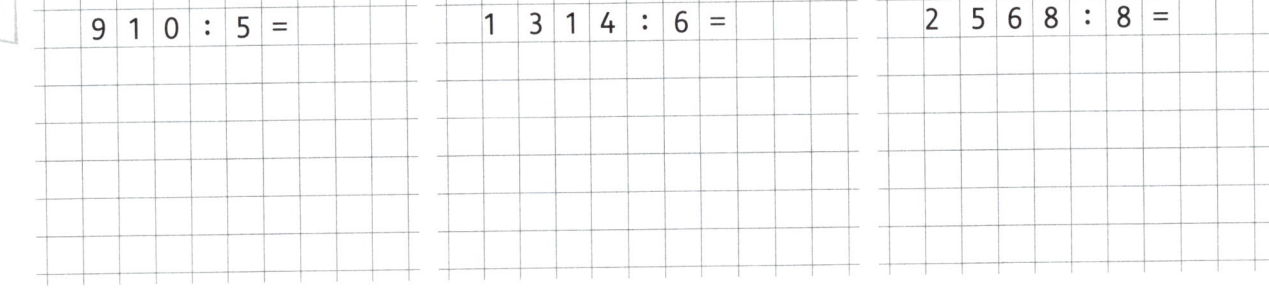

910 : 5 =   1314 : 6 =   2568 : 8 =

Grundwissen am Ende des 4. Schuljahres.
Die Aufgaben sollten selbstständig gelöst werden (Lernstandskontrolle).

Rechne und vergleiche. Was fällt dir auf?

8

| 4 | 7 | 6 | 1 | 9 | · | 2 | 1 |

| 1 | 5 | 8 | 7 | 3 | · | 6 | 3 |

| 5 | 2 | 9 | 1 | · | 1 | 8 | 9 |

9

| 5 | 7 | 1 | 4 | 2 | 8 | : | 4 | = |

| 4 | 2 | 8 | 5 | 7 | 1 | : | 3 | = |

| 7 | 1 | 4 | 2 | 8 | 5 | : | 5 | = |

| 8 | 5 | 7 | 1 | 4 | 2 | : | 6 | = |

10

| 7 | 3 | 3 | · | 3 | 2 |

| 1 | 4 | 6 | 6 | · | 1 | 6 |

| 2 | 9 | 3 | 2 | · | 8 |

| 5 | 8 | 6 | 4 | · | 4 |

Grundwissen am Ende des 4. Schuljahres.
Die Aufgaben sollten selbstständig gelöst werden (Lernstandskontrolle).

1 a) Miss die Strecken zwischen den Punkten.

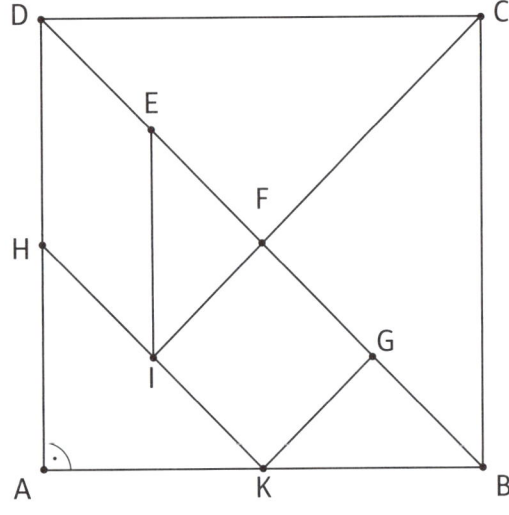

A und B: _____   D und B: _____

A und K: _____   D und F: _____

A und D: _____   D und E: _____

A und H: _____   F und G: _____

H und K: _____   H und I: _____

Was fällt dir auf?

b) Suche rechte Winkel in der Figur und
markiere sie wie den rechten Winkel bei A.
Benutze dein Geodreieck.

2 Vergrößere die Figur von Aufgabe 1 im Maßstab 2:1.

D •

A •

Grundwissen am Ende des 4. Schuljahres.
Die Aufgaben sollten selbstständig gelöst werden (Lernstandskontrolle).

3 a) Miss die Strecken zwischen den Punkten.

A und B, B und C, A und C: _____

A und D, D und C: _____

D und F, D und E, E und F: _____

Miss in den Kreisen:

Radius = _____

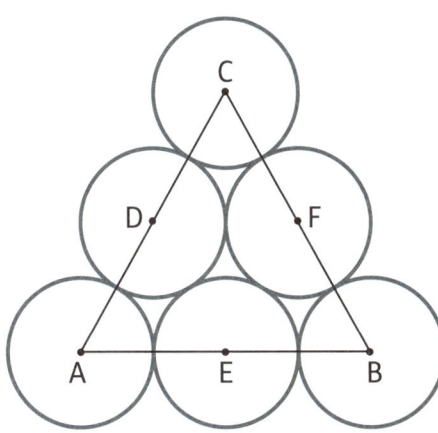

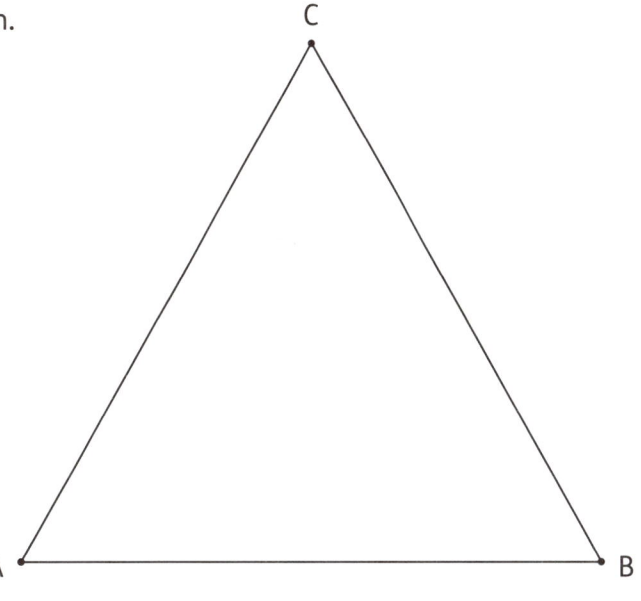

Was fällt dir auf?

b) Zeichne ebenso 6 Kreise.

4 a) Miss die Strecken zwischen den Punkten.

A und B, B und C, A und C: _____

A und E, E und D, D und C: _____

D und G, F und I: _____

Miss in den Kreisen:

Radius = _____

b) Zeichne ebenso 10 Kreise.

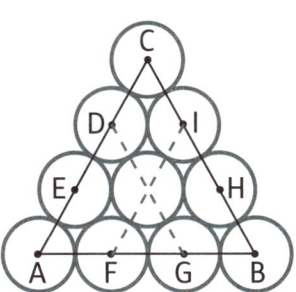

Was fällt dir auf?

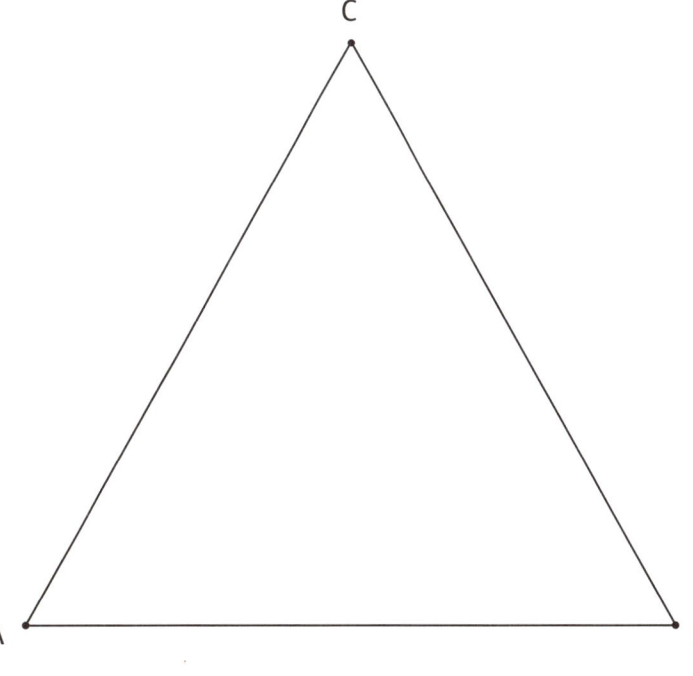

Grundwissen am Ende des 4. Schuljahres.
Die Aufgaben sollten selbstständig gelöst werden (Lernstandskontrolle).

89

○ **1** | **Längen**

a) Schätze mithilfe von anderen Längen.

 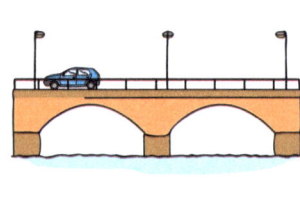   

Flensburg
Berlin
Köln
Zugspitze

Haushöhe: _____ m
Stockwerk: 3–4 m

Brückenlänge: _____ m
Auto: 4–5 m

Köln – Berlin: etwa _____ km
Flensburg – Zugspitze: etwa 1000 km

Schmetterling: _____ cm
Fingerspanne: 10 cm

b) Im Wettkampf läufst du eine 50-m-Strecke.

Vergleiche mit den olympischen Laufstrecken.

100 m = __2__ · 50 m   800 m = _____ · 50 m   3 000 m = _____ · 50 m   Marathon:

200 m = _____ · 50 m   1 000 m = _____ · 50 m   5 000 m = _____ · 50 m   42 195 m sind

400 m = _____ · 50 m   2 000 m = _____ · 50 m   10 000 m = _____ · 50 m   etwa _____ · 50 m

○ **2** | **Gewichte**

a)

Die Verkäuferin möchte von jeder Obstsorte 1 kg abwiegen.
Überlege die ungefähre Anzahl.

etwa: 180 g   150 g   200 g   90 g   60 g

1 kg Bananen: _____ Stück   1 kg Birnen: _____ Stück   1 kg Zwetschgen: _____ Stück

1 kg Tomaten: _____ Stück   1 kg Äpfel: _____ Stück

b) Ein ausgewachsenes Gorillaweibchen wiegt etwa 80 kg.

Ein neugeborenes Gorillababy etwa 2 kg.

Die Mutter ist also 40-mal so schwer wie ihr Baby. Rechne ebenso.

Lebewesen	Gewicht der Mutter	Geburtsgewicht des Babys	Mutter ist _____-mal so schwer
Blauwal	120 t	2 t	
Feldhase	4 kg	100 g	
Mensch	70 kg	3 500 g	
Elefant	3 t	100 kg	
Känguru	26 kg	1 g (im Beutel)	
Eisbär	200 kg	500 g	

Grundwissen am Ende des 4. Schuljahres.
Die Aufgaben sollten selbstständig gelöst werden (Lernstandskontrolle).

○ **3** **Rauminhalte**

a)

$\frac{1}{2}$ l = _____ ml $\frac{1}{4}$ l = _____ ml   100 ml   50 ml   25 ml   10 ml   5 ml

Immer 1 Liter.

500 ml · __2__   100 ml · _____   25 ml · _____   5 ml · _____

250 ml · _____   50 ml · _____   10 ml · _____

b) In einer großen Kanne sind 5 l Kakao.

In eine große Tasse passen $\frac{1}{4}$ l = 250 ml.

Wie viele Tassen lassen sich mit der Kanne füllen? _____

c) In einem Kasten sind 12 Limoflaschen.

In jeder Flasche sind 0,7 l = 700 ml.

Wie viele Liter sind in einem Kasten? _____

In ein großes Glas passen 0,2 l = 200 ml.

Wie viele Gläser lassen sich mit einem Kasten füllen? _____

○ **4** **Flächen**

Fliesen gibt es in unterschiedlichen Größen.

Wie viele Fliesen einer Größe passen jeweils in ein Quadrat von 1 m Seitenlänge?

Überlege und rechne.

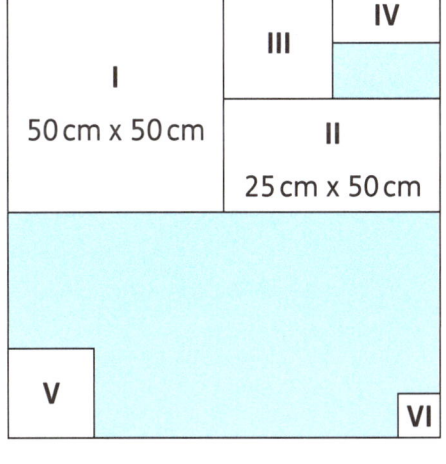

Fliese		Anzahl der Fliesen im Quadrat
Größe I	(50 cm x 50 cm)	4
Größe II	(25 cm x 50 cm)	
Größe III	(25 cm x 25 cm)	
Größe IV	(12,5 cm x 25 cm)	
Größe V	(20 cm x 20 cm)	
Größe VI	(10 cm x 10 cm)	

Grundwissen am Ende des 4. Schuljahres.
Die Aufgaben sollten selbstständig gelöst werden (Lernstandskontrolle).

91

Grundfertigkeiten im Sachrechnen

○ **1** a) Ein Brötchen kostet 28 Cent. Ergänze die Preistabelle.

Anzahl	1	2	3	4	5	6	7	8	9
Preis	0,28 €								

b) 10 Brötchen gibt es für 2,30 €. Vergleiche mit dem Einzelpreis.

Warum macht der Bäcker ein solches Sonderangebot?

_____

_____

○ **2** Raubtierfütterung im Zoo.

Im Zoo gibt es 4 Löwen. Jeder Löwe bekommt am Tag 8 kg Fleisch.

Einmal in der Woche müssen die Löwen fasten.

Wie viel Fleisch bekommen die 4 Löwen in einer Woche?

_____

○ **3** Für einen Hund muss jährlich eine Hundesteuer bezahlt werden.

Auf Wunsch kann sie in vier Raten bezahlt werden.

Für einen Hund beträgt die Jahressteuer in Leipzig 96,– €. Wie hoch ist eine Rate?

_____

○ **4** Die Tabelle zeigt das Alter von Jungen und Mädchen einer 4. Klasse:

Alter	Anzahl der Mädchen	Anzahl der Jungen
9	7	9
10	4	7
11	1	2

a) Wie viele Kinder sind in der Klasse?

_____

Wie viele Mädchen und wie viele Jungen sind es?

_____

b) Wie viele Jungen sind 10 Jahre alt und jünger?

_____

c) Wie viele Mädchen sind 10 Jahre alt und älter?

_____

d) Zeichne zu der Tabelle ein Säulendiagramm

(1 Kästchen je Schüler).

e) Lege im Heft eine Tabelle und ein Diagramm für deine Klasse an.

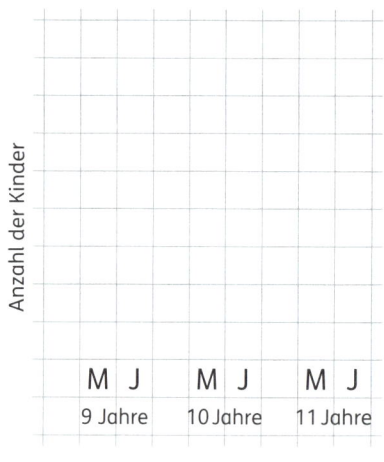

Anzahl der Kinder

M J   M J   M J
9 Jahre 10 Jahre 11 Jahre

Grundwissen am Ende des 4. Schuljahres.
Die Aufgaben sollten selbstständig gelöst werden (Lernstandskontrolle).

5 Familie Yildirim will ihren Schrebergarten mit Maschendraht einzäunen.

Im Baumarkt werden Rollen von

25 m Länge zu 50,– € und

10 m Länge zu 25,– € angeboten.

Welche Rollen soll Familie Yildirim kaufen?

_____

_____

Plan des Gartens:

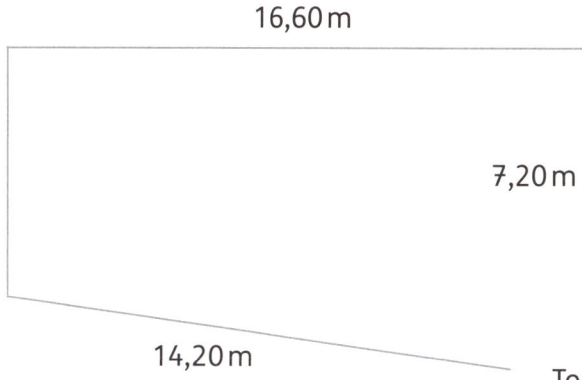

16,60 m

7,10 m

7,20 m

14,20 m

Tor

6 Der höchste Berg Deutschlands ist die Zugspitze (2 962 m).

Die Tabelle gibt an, wie viele Stunden die Sonne in jedem Monat auf der Zugspitze durchschnittlich scheint.

Monat	Jan	Feb	März	April	Mai	Juni	Juli	Aug	Sept	Okt	Nov	Dez
Stunden	116	120	164	163	170	153	167	171	178	176	136	118

a) Ordne die Monate nach der Anzahl der Sonnenstunden.

_____

b) Überschlage die Anzahl der Sonnenstunden im Jahr.

_____

c) Vergleiche mit der Anzahl der Stunden eines Jahres.

_____

7 Das Bild des Hirschkäfers ist im Maßstab 1 : 3 verkleinert.

Wie groß ist der Käfer in Wirklichkeit?

_____

8 Ein Schreiner benötigt für einen Auftrag 5 Bretter von 61 cm und 4 Bretter von 72 cm Länge.

Er findet im Lager noch drei Bretter der gewünschten Sorte von je 2,10 m Länge.

Wie soll er schneiden? Mache einen Plan.

9 Der europäische Fernwanderweg Nr. 1 durchquert Deutschland von Flensburg bis zum Bodensee.

Innerhalb Deutschlands ist er etwa 1 800 km lang. Herr Müller möchte in jedem Jahr etwa 10 Tage wandern, an einem Tag wandert er 5 bis 6 Stunden.

Wie viele Jahre braucht er für die gesamte Strecke?

_____

Grundwissen am Ende des 4. Schuljahres.
Die Aufgaben sollten selbstständig gelöst werden (Lernstandskontrolle).

93

⚡ **Zehnereinmaleins, auch umgekehrt**

Aufgabe des Zehnereinmaleins nennen.
Aufgabe und Umkehraufgaben rechnen.

$4 \cdot 60$

$4 \cdot 60 = 240$
$240 : 60 = 4$
$240 : 4 = 60$

$4 \cdot 6 = 24$

1. Prüfung am:

_____

2. Prüfung am:

_____

⚡ **Zahlen lesen und schreiben**

Zahl legen. Zahl lesen.

M	HT	ZT	T	H	Z	E
	3	0	2	6	1	5

dreihundertzweitausend-
sechshundertfünfzehn

Zahl sagen.
Zahl legen und schreiben.

vierhundert-
dreizehntausend-
neunundzwanzig

M	HT	ZT	T	H	Z	E
	4	1	3	0	2	9

413 029

1. Prüfung am:

_____

2. Prüfung am:

_____

⚡ **Stelleneinmaleins, auch umgekehrt**

Aufgabe zeigen, Aufgabe und
Umkehraufgabe rechnen.

$1\,000 \cdot 100 = 100\,000$
$100\,000 : 100 = 1\,000$

1 000 Hunderter sind das
Gleiche wie 100 Tausender,
also 100 000.

1. Prüfung am:

_____

2. Prüfung am:

_____

⚡ **Zählen in Schritten**

Anzahl der Schritte (2, 4, 5, 8, 10) und
Stufenzahl nennen und in Schritten zählen.

In 4 Schritten
bis 10 000.

2 500, 5 000,
7 500,
10 000

10 000 geteilt durch
4 sind 2 500, also in
2 500er-Schritten.

1. Prüfung am:

_____

2. Prüfung am:

_____

⚡ **Ergänzen bis 1 Million**

Vollen Tausender nennen und
bis 1 Million ergänzen.

648 000

$648\,000 + 352\,000 = 1\,000\,000$

1. Prüfung am:

_____

2. Prüfung am:

_____

⚡ **Welche Zahl?**

Zahl am Millionenbuch zeigen,
erklären und nennen.

247 volle Tausender
und 568 Einer.
Die Zahl heißt
247 tausend 568.

1. Prüfung am:

_____

2. Prüfung am:

_____

_____ hat am _____ die Schlussprüfung

im Blitzrechnen 4 abgelegt.

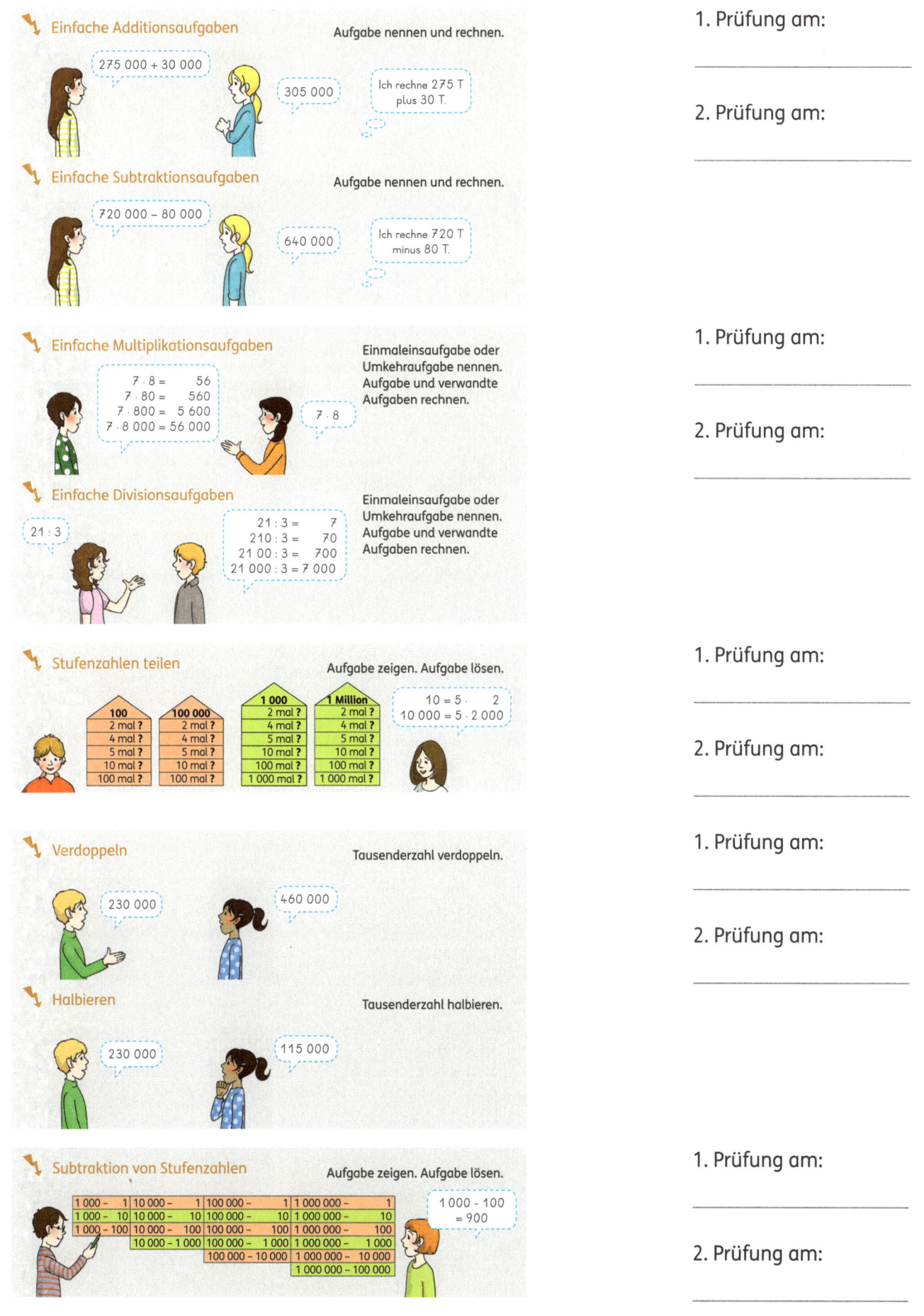

Einfache Additionsaufgaben

Aufgabe nennen und rechnen.

275 000 + 30 000

305 000

Ich rechne 275 T plus 30 T.

Einfache Subtraktionsaufgaben

Aufgabe nennen und rechnen.

720 000 – 80 000

640 000

Ich rechne 720 T minus 80 T.

Einfache Multiplikationsaufgaben

Einmaleinsaufgabe oder Umkehraufgabe nennen. Aufgabe und verwandte Aufgaben rechnen.

7 · 8 = 56
7 · 80 = 560
7 · 800 = 5 600
7 · 8 000 = 56 000

7 · 8

Einfache Divisionsaufgaben

Einmaleinsaufgabe oder Umkehraufgabe nennen. Aufgabe und verwandte Aufgaben rechnen.

21 : 3

21 : 3 = 7
210 : 3 = 70
21 00 : 3 = 700
21 000 : 3 = 7 000

Stufenzahlen teilen

Aufgabe zeigen. Aufgabe lösen.

10 = 5 · 2
10 000 = 5 · 2 000

100	100 000	1 000	1 Million
2 mal ?	2 mal ?	2 mal ?	2 mal ?
4 mal ?	4 mal ?	4 mal ?	4 mal ?
5 mal ?	5 mal ?	5 mal ?	5 mal ?
10 mal ?	10 mal ?	10 mal ?	10 mal ?
100 mal ?	100 mal ?	100 mal ?	100 mal ?
		1 000 mal ?	1 000 mal ?

Verdoppeln

Tausenderzahl verdoppeln.

230 000

460 000

Halbieren

Tausenderzahl halbieren.

230 000

115 000

Subtraktion von Stufenzahlen

Aufgabe zeigen. Aufgabe lösen.

1 000 – 100 = 900

1 000 –	1	10 000 –	1	100 000 –	1	1 000 000 –	1
1 000 –	10	10 000 –	10	100 000 –	10	1 000 000 –	10
1 000 –	100	10 000 –	100	100 000 –	100	1 000 000 –	100
		10 000 –	1 000	100 000 –	1 000	1 000 000 –	1 000
				100 000 –	10 000	1 000 000 –	10 000
						1 000 000 –	100 000

1. Prüfung am:

_____

2. Prüfung am:

_____

1. Prüfung am:

_____

2. Prüfung am:

_____

1. Prüfung am:

_____

2. Prüfung am:

_____

1. Prüfung am:

_____

2. Prüfung am:

_____

1. Prüfung am:

_____

2. Prüfung am:

_____

Unterschrift: _____

Zehnereinmaleins auch umgekehrt

Zu einer vorgegebenen Aufgabe aus dem Zehnereinmaleins (Beispiel 4·60) rechnet das Kind die Aufgabe und die verwandten Divisionsaufgaben.

 ## Zahlen lesen und schreiben

Zunächst wird an der Stellentafel mit Ziffernkarten eine Zahl gelegt. Das Kind nennt die Zahl. Dann wird eine Zahl unter 10 Millionen gesprochen. Das Kind legt sie an der Stellentafel und schreibt sie auf.

 ## Stelleneinmaleins auch umgekehrt

Für diese Übung wird das Stelleneinmaleins (Umschlagklappe) verwendet. Es wird auf ein Feld gezeigt. Das Kind rechnet die Malaufgabe und deren Umkehraufgabe.

 ## In Schritten zählen

Stufenzahlen sollen in einer vorgegebenen Anzahl von Schritten erreicht werden. Das Kind zählt in Schritten bis zum Ziel.

 ## Ergänzen bis 1 Million

Vorgesprochene reine Tausenderzahlen ergänzt das Kind (evtl. am Millionenbuch oder ersatzweise mithilfe des Tausenderbuchs) bis 1 Million.

 ## Zahlen zeigen und nennen.

Am Millionenbuch wird eine Zahl gezeigt. Das Kind benennt sie.

 ## Einfache Additions- und Subtraktionsaufgaben

Es wird jeweils eine Additions- oder Subtraktionsaufgabe mit reinen Tausendern genannt, wobei nur glatte Tausenderzahlen addiert bzw. subtrahiert werden. Das Kind berechnet das Ergebnis und stützt sich dabei auf die gleichnamige Übung im Tausenderraum.

 ## Einfache Multiplikation- und Divisionsaufgaben

a) Zu einer vorgegebenen Einmaleinsaufgabe (Beispiel: 7·8) rechnet das Kind die Aufgabe und weitere verwandte Multiplikationsaufgaben (7·80, 7·800, 7·8000).

b) Zu einer vorgegebenen „kleinen" Divisionsaufgabe (Beispiel: 21:3) rechnet das Kind die Aufgabe und weitere verwandte Divisionsaufgaben (210:3, 2100:3, 21000:3).

 ## Stufenzahlen teilen

Stufenzahlen (10, 100, 1000, 10000, 100000, 1000000) sollen in eine vorgegebene Anzahl von Teilen zerlegt werden. Das Kind bestimmt jeweils das Ergebnis, wobei es auf frühere Ergebnisse zurückgreifen kann.

Die Zerlegungen von 10 und 10000, 100 und 100000 sowie 1000 und 1 Million lassen sich jeweils aufeinander zurückführen.

 ## Verdoppeln und Halbieren

Diese Übungen sind analog zur gleichnamigen Übung im Tausenderraum. Zahlen mit vier Endnullen unter 500000 sollen verdoppelt, Zahlen mit vier Endnullen unter 1 Million halbiert werden.

 ## Subtraktion von Stufenzahlen

Es werden Minusaufgaben mit Stufenzahlen gestellt. Das Kind berechnet jeweils das Ergebnis.